四川省数字乡村发展战略研究

四川省数字乡村发展战略研究课题组　著

中国农业科学技术出版社

图书在版编目（CIP）数据

四川省数字乡村发展战略研究／四川省数字乡村发展战略研究课题组著．--北京：中国农业科学技术出版社，2024.5

ISBN 978-7-5116-6435-8

Ⅰ.①四… Ⅱ.①四… Ⅲ.①数字技术-应用-农村-社会主义建设-研究-四川 Ⅳ.①F327.71-39

中国国家版本馆 CIP 数据核字（2023）第 177224 号

责任编辑　倪小勋
责任校对　贾若妍　李向荣
责任印制　姜义伟　王思文

出 版 者	中国农业科学技术出版社 北京市中关村南大街 12 号　邮编：100081
电　　话	（010）62111246（编辑室）　（010）82106624（发行部） （010）82109709（读者服务部）
网　　址	https://castp.caas.cn
经 销 者	各地新华书店
印 刷 者	北京建宏印刷有限公司
开　　本	185 mm×260 mm　1/16
印　　张	10.5
字　　数	230 千字
版　　次	2024 年 5 月第 1 版　2024 年 5 月第 1 次印刷
定　　价	68.00 元

━━━ 版权所有·翻印必究 ━━━

四川省数字乡村发展战略研究课题组

课题负责人： 赵春江

课题指导： 孙九林

专题一、四川省数字乡村发展水平评价

  专题负责人：李　晓

  成　　　员：林正雨　何　鹏　赵颖文　陈春燕　高文波
       唐江云　胡　亮　刘远利　郭耀辉　赵　剑
       刘永波

专题二、四川省乡村数字治理与数字服务战略研究

  专题负责人：李　瑾

  成　　　员：冯　献　马　晨　郭美荣　张　骞　曹冰雪
       范贝贝　李泽欣　张怀波　任雅欣　揭晓婧
       蒋佳恬

专题三、四川省乡村数字新基建及数字经济新业态发展战略研究

  专题负责人：傅新红

  成　　　员：高雪松　李冬梅　吴秀敏　张社梅　王　燕
       徐定德　郭　艳　李　豪　万将军　刘宇荧
       宋嘉豪　罗　磊　乔大宽　陈雨诗

本书主要执笔人： 李　晓　林正雨　赵颖文　高文波　唐江云
        陈春燕　何　鹏

序 言

在新一轮科技和产业革命的驱动下,全球经济正在经历数字化转型。以5G、大数据、人工智能为代表的数字技术已经成为驱动全球经济社会发展的关键力量。数字技术作为通用技术,具有广泛的渗透性,在农业农村领域的应用场景广泛。通过不断地对农业农村各环节全过程的数字化改造,数字技术正在深刻改变着农业生产和农民生活的方式。数字乡村则是伴随着网络化、信息化和数字化对农业、农村、农民的改造而内生的农业农村现代化转型进程。

党的十八大以来,以习近平同志为核心的党中央紧紧抓住信息化发展的历史机遇,作出一系列重大决策、提出一系列重大举措。没有信息化就没有现代化。必须敏锐抓住信息化发展的历史机遇,加快信息化发展,推动互联网、大数据、人工智能和实体经济深度融合,加快制造业、农业、服务业数字化、网络化、智能化。2018年中央一号文件明确提出"实施数字乡村战略"。2019年中央一号文件强调"加强国家数字农业农村系统建设",中共中央、国务院出台了《数字乡村发展战略纲要》,农业农村部、中央网络安全和信息化委员会办公室联合制定了《数字农业农村发展规划(2019—2025年)》。2020年中央一号文件要求"开展国家数字乡村试点"。2021年中央一号文件要求"实施数字乡村建设发展工程"。2022年党的二十大报告提出,加快发展数字经济,促进数字经济和实体经济深度融合,打造具有国际竞争力的数字产业集群。优化基础设施布局、结构、功能和系统集成,构建现代化基础设施体系。自党中央提出数字乡村发展战略后,全国各地数字乡村建设如火如荼,乡村信息基础设施加快推进,农村电商不断迭代掀起直播带货的热潮,新一代信息技术在农业农村领域开始崭露头角,对农业农村经济社会发展战略性和全局性的影响开始逐渐显现。

四川省委、省政府深入贯彻落实党中央、国务院关于数字乡村建设的决策部署,紧紧抓住数字经济为乡村振兴赋能的新机遇,积极开展数字乡村建设的探索,在农业信息技术研发、农业综合信息服务平台建设、农业信息收集与发布、信息进村入户工程、农村电子商务、农民手机培训等方面取得一系列显著成效。2020年四川省农业农村信息化总体发展水平为38.3%，高于全国平均37.9%的总体发展水平，高出西部地区总体发展水平4.2个百分点。然而，四川省数字乡村整体进展和成效还不是十分理想，农业农村信息化发展不平衡不充分的问题较为突出，城乡数字鸿沟依然显著存在，各领域各环节各地区间的发展差距较大，严重制约了数字乡村发展水平的进一步提高。数字乡村既是乡村振兴的战略方向，也是推动农业强省的有力抓手。站在新的历史起点，四川省相继出台了《四川省落实〈数字乡村发展战略纲要〉重点任务分工方案》《四川省"十四五"农业农村信息化发展推进方案》《四川省乡村建设行动实施方案》等文件，为加快四川省数字乡村建设，培育农业农村发展新动能提出战略要求和政策支持。

当前，数字乡村研究才刚刚起步，什么是数字乡村？数字乡村的内在机理是什么？如何建设数字乡村？这些数字乡村的科学问题尚未形成清晰认识和普遍共识。四川省作为国家战略大后方的"压舱石"、西部经济中心的"稳定器"、西部开放高地的"桥头堡"、西部科技创新中心的"动力源"、农村改革创新的"试验田"，面临加快推动成渝地区双城经济圈建设，打造带动全国高质量发展重要增长极的历史使命。其数字乡村的建设成效和发展水平如何？如何借鉴国内外数字乡村建设的成功经验？如何立足自身省情农情，制定数字乡村的发展思路、重点任务、重大工程？这些现实问题也亟须作出科学回答。

本研究对此作出积极的响应，系统归纳阐述数字乡村建设的战略意义、概念内涵、内在机理，通过实地调研、问卷调查、座谈交流，进行"数字乡村发展水平""乡村数字治理与数字服务""乡村数字新基建及数字经济新业态"专题研究，研究提出四川省数字乡村建设路径，以促进形成具有广泛导向意义的基本认识，为进一步解放和发展数字化生产力，加快推进农业农村数字化转型，缩小城乡数字鸿沟，推动治蜀兴川再上新台阶提供科学支撑。

中国工程院　院士
国家农业信息化工程技术研究中心　主任
国家农业智能装备工程技术研究中心　首席科学家

前　言

数字经济是继农业经济、工业经济之后人类社会发展的一个新的历史阶段。综观我国，以数据为关键生产要素的经济形态展现出蓬勃生命力，不仅是新的经济增长点，而且是改造提升传统产业的支点，成为推动我国经济高质量发展新引擎、构筑国家竞争新优势。党的二十大报告强调要"加快建设网络强国、数字中国""健全网络综合治理体系，推动形成良好网络生态""强化网络、数据等安全保障体系建设"等。2023年中共中央、国务院印发了《数字中国建设整体布局规划》，建设数字中国是数字时代推进中国式现代化的重要引擎，是构筑国家竞争新优势的有力支撑。加快数字中国建设，对全面建设社会主义现代化国家、全面推进中华民族伟大复兴具有重要意义和深远影响。

近年来，四川省认真贯彻落实党中央、国务院决策部署，把数字乡村建设作为乡村振兴的有力抓手，积极推动《数字乡村发展战略纲要》《数字乡村发展行动计划（2022—2025年）》在四川落地落实，建立数字乡村发展统筹协调机制，制定出台系列政策文件，部署开展省级数字乡村试点，构建数字乡村服务资源池，打造"直播天府"乡村振兴品牌，征集典型案例并宣传推广，全省数字乡村建设初见成效。四川省数字乡村建设虽然在局部区域和部分领域取得了一定的成绩，但总体仍处于起步阶段。与山东、江苏、浙江等省相比，数字乡村发展总体滞后。

为推动四川省数字乡村加快发展，2020—2023年，中国工程院赵春江院士、中国工程院孙九林院士牵头，四川省农业科学院农业信息与农村经济研究所、北京市农林科学院信息技术研究中心、四川农业大学共同开展了四川省数字乡村发展战略研究。课题组先后赴成都市、眉山市、德阳市、雅安市、达州市、广元市、南充市、宜宾市、内江市等21个市（州）、50余个县（市、区），开展数字乡村实地调研，累计回收有效问卷1 734份，其中个人版1 556份，机构版实现178个涉农县全覆盖。课题组还遴选山东省、江苏省、浙江省、广东省等省对标调研。在专题研究的基础上，形成了《四川省数字乡村发展战略研究》。

本书是在赵春江院士的全程指导下完成的，从问卷调研、定量评价、框架构筑、内容修改，直至定稿，赵春江院士提出了许多宝贵的意见和建议。整个调研工作持续近2年，课题组前往成都市、南充市、宜宾市、雅安市、泸州市、凉山市、达州市等11个市21个县（区），进行了广泛深入调研。面向四川省178个涉农县的农户、新型经营主体、镇（村）干部等主体，采取线上线下相结合的方式开展了问卷访谈，回收有效问卷1 556份。课题组分别赴浙江、广东、山西、江西、湖北、北京、江苏、山东等8个省（自治区、直辖市）33个县（市）开展乡村治理与服务调查，回收问卷300余份，获取260余小时30 Gb的录音资料，以及45 Gb的图像视频资料。欧诗园、王森培、张怀波、王艾萌、王小萌、罗磊、王丽双、蒲琰鑫、苏秦、王晨曦、邱玲、彭媛媛、张必忠、范娇、钟嘉楠、刘晓宇、聂梦伟、蒋浩、刘国强、章睿馨、代星颖、蒋若兰、冉之倩、张永乐、陈彦羲等参与调研，在此表示真诚感谢！

本专著得到了中国工程院、中国农业科学院、四川省农业科学院、四川省科学技术厅、四川省委网信办、四川省农业农村厅、中国工程科技发展战略四川研究院、四川省统计局等单位的大力支持和帮助，在此表示衷心的感谢。在本书写作过程中，参考研阅了许多专家的论著和科研成果，并使用了大量的统计数据，书中在引用部分做了注明，但仍恐有遗漏之处，恳请海涵。数字乡村建设时间短，涉及领域广，建设内容多，由于笔者学识有限，书中的不足之处在所难免，恳请同行专家学者提出宝贵的意见和建议！

四川省数字乡村发展战略研究课题组
2024年5月

目 录

第1章 绪 论 ……………………………………………………… (1)
  1.1 数字乡村的建设背景 ………………………………………… (1)
  1.2 数字乡村的重大意义 ………………………………………… (3)

第2章 研究目标、内容与技术路线 …………………………… (5)
  2.1 研究目标 ……………………………………………………… (5)
  2.2 研究内容 ……………………………………………………… (5)
  2.3 研究技术路线 ………………………………………………… (7)
  2.4 研究方法 ……………………………………………………… (8)

第3章 数字乡村概念、特征与内在机理 ……………………… (9)
  3.1 相关概念辨析 ………………………………………………… (9)
  3.2 数字乡村内涵特征 …………………………………………… (11)
  3.3 数字赋能乡村发展内在机理 ………………………………… (13)
  3.4 数字乡村建设的主要内容 …………………………………… (19)

第4章 中国数字乡村发展历程、现状与趋势 ………………… (25)
  4.1 数字乡村建设历程 …………………………………………… (25)
  4.2 数字乡村发展现状 …………………………………………… (28)
  4.3 数字乡村发展趋势 …………………………………………… (36)

第5章 国内数字乡村典型案例启示 …………………………… (39)
  5.1 智慧农业领域 ………………………………………………… (39)
  5.2 乡村治理与公共服务数字化领域 …………………………… (44)
  5.3 数字新业态与数字新基建领域 ……………………………… (51)
  5.4 经验启示 ……………………………………………………… (58)

第6章 四川省数字乡村建设成效 ………………………………………… (60)
6.1 建设成效 …………………………………………………………… (60)
6.2 典型案例 …………………………………………………………… (69)

第7章 四川省数字乡村发展水平定量评价 ……………………………… (84)
7.1 指标构建 …………………………………………………………… (84)
7.2 数据来源 …………………………………………………………… (91)
7.3 数据处理 …………………………………………………………… (91)
7.4 个人版问卷结果与分析 …………………………………………… (92)
7.5 园区版问卷结果与分析 …………………………………………… (107)
7.6 定量评价结果与分析 ……………………………………………… (110)

第8章 四川省数字乡村发展总体战略 …………………………………… (124)
8.1 战略思路 …………………………………………………………… (124)
8.2 战略目标 …………………………………………………………… (124)
8.3 战略研判 …………………………………………………………… (124)
8.4 重点任务 …………………………………………………………… (126)
8.5 重大工程 …………………………………………………………… (132)

第9章 四川省数字乡村发展保障措施 …………………………………… (136)
9.1 加强组织领导 ……………………………………………………… (136)
9.2 完善机制保障 ……………………………………………………… (136)
9.3 优化政策支持 ……………………………………………………… (137)
9.4 强化人才支撑 ……………………………………………………… (137)
9.5 营造良好氛围 ……………………………………………………… (137)

附 录 …………………………………………………………………………… (139)
附录1 《四川省数字乡村发展战略研究》调研园区 ………………… (139)
附录2 四川省数字乡村发展水平问卷表（个人版） ………………… (140)
附录3 四川省数字乡村发展水平问卷表（机构版） ………………… (152)

第1章 绪　论

1.1 数字乡村的建设背景

1.1.1 数字乡村是实现乡村全面振兴的迫切需要

乡村振兴战略是按照"产业兴旺、生态宜居、乡风文明、治理有效、生活富裕"的总要求，实现乡村产业、人才、文化、生态、组织等领域全面振兴的系统性工程[①]。通过数字乡村发展，将物联网、人工智能、大数据、区块链等新兴技术与农业全产业链以及生态保护进行深度融合，推动农业绿色发展，形成高质量且稳定的生态系统。同时将数字技术延伸到乡村发展的各行各业，发挥资源配置的集成和优化作用，助力挖掘不同类型农村地区的特色和优势，拓宽乡村振兴的通道，形成良好的人居环境，为新发展格局提供基础保障，最终促进乡村经济社会完成转型升级。

1.1.2 数字乡村是促进城乡融合发展的有效途径

乡村振兴战略的一项重大任务就是促进城乡融合发展，通过推进新型城镇化，追求城乡共生共建共享共荣，强调双向互动、深度融合，实现城乡居民权益平等化、收入均衡化、服务均等化、配置合理化、发展融合化[②③]。随着当今世界信息技术的不断革新和进步，我国实施数字建设是实现全面现代化的必然选择。发展数字乡村是缩小城乡"数字鸿沟"、促进城乡融合发展的有效途径。应用数字技术不仅可以促进城乡人才、技术等资源的流动，打通城乡商品交流互通和服务贸易的壁垒，还能改变农村居民的思想观念、能力素质和生活方式。随着信息化服务的普及、科学技术的渗透、公共信息服务水平的提高等，数字技术也将大大提高城乡要

---

① 黄祖辉. 准确把握中国乡村振兴战略 [J]. 中国农村经济，2018（4）：2-12.
② 张海鹏. 中国城乡关系演变70年：从分割到融合 [J]. 当代中国史研究，2019，26（3）：153.
③ 魏后凯. "十四五"时期中国农村发展若干重大问题 [J]. 中国农村经济，2020（1）：2-16.

素流通程度。数字乡村的全面推进，可有效重塑城乡关系，实现城乡协同发展。

1.1.3 数字乡村是实施数字中国战略的主要根基

习近平总书记高度重视数字中国建设，在致首届数字中国建设峰会的贺信中习近平总书记强调："加快数字中国建设，就是要适应我国发展新的历史方位，全面贯彻新发展理念，以信息化培育新动能，用新动能推动新发展，以新发展创造新辉煌。"[①] 2022年《政府工作报告》中指出，"加强数字中国建设整体布局""发展智慧城市、数字乡村"。全面推进乡村振兴，就要立足新时代国情，以数字乡村建设带动和提升农业农村现代化水平。数字乡村是数字中国的重要组成部分，相比较智慧城市的建设，数字乡村建设明显滞后，数字经济中工业与服务业的占比远高于农业，农业已成为数字中国建设的短板[②]。《中国数字乡村发展报告（2019年）》显示，2018年中国数字经济规模占GDP比重达34.8%，工业、服务业数字经济占行业增加值比重分别为18.3%和35.9%，而农业数字经济规模占第一产业增加值仅为7.3%。因此，必须加快数字乡村建设，推动农业产业系统重组、产业链升级，提高农业产业的能效，为农业农村现代化提供有力支撑。同时，数字乡村的实施，可提升乡村治理体系和治理能力现代化水平，筑牢数字中国的根基。

1.1.4 数字乡村是增强国际竞争实力的必要举措

数字经济是继农业经济、工业经济之后人类社会发展的一个新的历史阶段。综观我国，以数据为关键生产要素的经济形态展现出蓬勃生命力，不仅是新的经济增长点，而且是改造提升传统产业的支点，成为推动我国经济高质量发展新引擎、构筑国家竞争新优势。特别是新冠疫情暴发以来，数字技术、数字经济在支持抗击新冠疫情、恢复生产生活方面发挥了重要作用。但同时也要清醒认识到，同世界数字经济大国、强国相比，我国数字经济大而不强、快而不优，在关键核心技术上仍然存在"卡脖子"的风险，以及不同区域、产业和企业间发展不平衡的"数字鸿沟"问题。在全球经济增长乏力的背景下，数字经济在提升全要素生产率和促进传统产业提质增效方面表现出卓越成效，呈现逆经济增长态势，被认为是全球经济增长的新源泉和撬动经济发展的新杠杆。发展数字经济成为全球共识，多个国家将数字乡村建设作为战略重点和优先发展方向，试图加快实现数字经济与农业农村的深度融

---

① 资料来源：建设数字中国，把握信息化发展新阶段的机遇. 人民日报，2018年8月19日（5版）.
② 李文龙. 加强农业信息化建设 更好发挥对粮食生产促进作用[J]. 中国农业综合开发，2021（1）：3.

合。中国应该积极抓住历史机遇，努力抢占新经济的制高点。建设数字乡村，有助于扩大数字技术的商业化应用市场，激发信息产业纵深发展，培育更多数字人才，激励数字人才下乡投资与服务，引导外出务工求学人员返乡创业就业，促进农村劳动力结构优化，改善农村人力资本，转变农业生产方式，提高农业科技含量，对增强中国在科技、人才、农业等领域的国际竞争实力具有重要的支撑作用。

1.1.5 数字乡村是应对全球复杂形势的必然选择

世界经济形势依然复杂严峻，国际政治局势波谲云诡，国际贸易关系不断演化。面对世界百年技术产业体系之变、大国竞争格局之变、国际经济治理之变，抢抓数字经济新赛道、培育数字经济新优势是在危机中育先机、于变局中开新局的战略选择，是"十四五"时期建设现代化经济体系、畅通国内国际双循环的先手棋。从推动构建新发展格局、建设现代化经济体系、构筑国家竞争新优势的高度，充分认清提速数字经济健康发展的重大意义，认清数字经济发展新趋势，科学应变，找准数字经济发展新机遇，主动求变，开拓数字经济发展新局面，打造数字经济新优势，就能为中国经济高质量发展注入强劲动力。在当前格局下，农业农村既是供给的主力，也是消费的腹地，数字经济正驱使乡村成为一个新兴的生产与消费地理空间①。加快数字乡村建设，一方面能保障粮食安全，促进农业稳基础、保供给、防滞销、提质量、增效益的赋能力量；另一方面有助于释放乡村市场潜力，打通内循环堵点，形成城乡双循环互相促进、区域多循环融合发展的国内大循环格局。

1.2 数字乡村的重大意义

1.2.1 数字乡村是落实农业强国战略的具体举措

党的十八大以来，习近平总书记立足信息化发展大势和国内国际大局，明确提出"没有信息化，就没有现代化"的重大论断。必须敏锐抓住信息化发展的历史机遇，加快信息化发展，推动互联网、大数据、人工智能和实体经济深度融合，加快制造业、农业、服务业数字化、网络化、智能化。党的十九大报告提出，推动新型工业化、信息化、城镇化、农业现代化同步发展。党的十九届五中全会强调，要加强数字社会、数字政府建设，提升公共服务、社会治理等数字化智能化水平，提升

---

① 黄永林. 数字经济时代文化消费的特征与升级[J]. 人民论坛，2022（9）：116-121.

大数据等现代技术手段辅助治理能力。中央一号文件和四川省委一号文件连续多年明确要求，加快物联网、大数据、区块链、人工智能、第五代移动通信网络、智慧气象等新一代信息技术与农业生产经营深度融合。2019年中共中央办公厅、国务院办公厅联合印发《数字乡村发展战略纲要》，指出"数字乡村既是乡村振兴的战略方向，也是建设数字中国的重要内容"，并且明确了数字乡村建设的十大任务。2020年召开的四川省现代农业园区建设工作会议要求"加快推进互联网+现代农业，综合运用大数据、物联网、遥感、移动互联网等技术，积极建设智慧农业园区"。2022年四川省第十二次党代会报告指出要加快建设网络强省、数字四川。这些指示和要求，为四川省数字农业发展提供了根本遵循，指明了建设方向。

1.2.2 数字乡村是破解农业发展难题的迫切需要

在传统农业向现代农业加快转变的新阶段，突破资源和环境两道"紧箍咒"制约，需要建设数字乡村，提高农业生产精准化、智能化水平，助力"两个零增长"，推进农业资源利用方式转变。破解成本"地板"和价格"天花板"双重挤压的制约，需要建设数字乡村，推进农产品供给侧与需求侧的结构性改革，提高农业全要素的利用效率。提升四川省农产品竞争力，需要建设数字乡村，运用大数据加强国内外农业数据调查分析，增强市场话语权、定价权和影响力。引导生产经营决策，需要建设数字乡村，提升农业综合信息服务供给，让农民兄弟分享信息化发展成果。

1.2.3 数字乡村是实现农业大省向农业强省跨越的需要

随着数字技术广泛应用于种植和养殖，全方位融入农业经营管理、农产品流通、行业监管、为农服务等各个方面，数字技术已经成为转变农业生产模式、优化农业产业结构、升级为民服务能力的重要手段。在世界进入数字化新时代、国家大力推进新时代西部大开发、成渝地区双城经济圈建设的重要历史进程中，面对以国内大循环为主体、国内国际双循环相互促进的新发展格局，四川亟须依靠新理念、新技术，加快数字经济与农业、农村、农民的深度融合，催生农业产业新动能，实现数字驱动的农业新技术革命，助推农业大省向农业强省跨越。

第 2 章 研究目标、内容与技术路线

2.1 研究目标

数字乡村是推动农业农村跨越发展的重大举措。本研究以数字乡村战略落实新时代四川省农业农村工作，开创"三农"工作新局面。从"数字乡村发展水平评价""乡村数字治理与数字服务战略研究""乡村数字新基建及数字经济新业态发展战略研究"进行专题研究，针对当前数字乡村建设的短板和障碍，面向 2035 年乡村振兴的重大需求，开展四川省数字乡村发展战略研究。通过研究厘清数字乡村建设路径，提出面向"十四五"乃至 2035 年的一批重大工程、重大政策，进一步解放和发展数字化生产力，促进农业农村数字化转型，缩小城乡数字鸿沟，加快推进农业农村现代化建设。

2.2 研究内容

2.2.1 四川省数字乡村发展战略研究

（1）数字乡村发展历程。全面梳理数字乡村发展的时代背景，国外数字乡村发展历程，我国数字乡村的发展历程与现状。

（2）概念梳理与界定。全面梳理国内外关于"数字乡村"相关基础理论、研究进展，界定"数字乡村""乡村数字治理""乡村数字服务""乡村数字新基建""乡村数字经济新业态"概念及内涵，厘清本研究的核心范畴。

（3）建设环境与需求分析。从政策环境、经济社会环境、基础设施条件、技术环境、数字资源整合应用、农民信息化素养等方面，分析四川数字乡村建设环境与需求。

（4）总体战略与部署。提出四川省数字乡村建设的战略思路，从数字新基建与数据资源体系、乡村产业数字化、乡村服务数字化、乡村治理数字化等方面提出四川省数字乡村建设的重点任务、政策建设、重大工程等。

2.2.2 四川省数字乡村发展水平评价

（1）指标评价体系构建。在文献调研和分析的基础上，对已有文献中数字乡村

水平评价指标进行统计、分析与讨论，探讨了数字乡村水平评价指标的特点及规律。从乡村数字环境与基础、乡村产业数字化、乡村服务数字化、乡村治理数字化等方面，构建了一套相对科学合理的数字乡村评价指标体系，并综合采用层次分析法—专家打分法确定了各指标的权重。

（2）数字乡村实证评价。对四川省178个县市区进行实证测算，并评价数字农业发展情况。成都市的锦江区、青羊区、金牛区、武侯区、成华区5个区，因其农业占比低，未纳入实证评价。

（3）典型模式总结。筛选省内外数字乡村建设典型县，基于问卷调查和典型案例调查数据，总结典型案例的做法与经验，提炼数字乡村建设典型模式。

2.2.3　四川省乡村数字治理与数字服务战略研究

（1）乡村治理与服务现状及需求。总结四川省在乡村治理与服务建设的重点领域取得的成效，剖析四川省在乡村治理与服务方面面临的突出问题与短板，准确研判在乡村振兴战略背景之下四川省乡村治理与服务面临的新形势与新挑战，提出数字技术促进和提升四川省乡村治理与服务水平的根本需求。

（2）乡村数字治理与数字服务需求。基于数字发展水平测算和评价，总结四川省在乡村治理数字化满意度、数字治理、数字政务服务、数字公共服务、数字便民服务等重点领域的现状，摸清现阶段各类主体对于乡村数字治理与数字服务问题与需求。

（3）乡村数字治理与数字服务战略部署。基于四川省乡村治理数字化和乡村服务数字化现状、问题与需求，结合四川省乡村治理与服务数字化发展的基础与潜力，提出至2035年四川省乡村数字治理与数字服务的总体思路、战略目标、重点任务安排、重大工程部署建议。根据省域内不同地域、不同类型村庄提出分地域、分类型乡村治理数字化与服务发展数字化的分类推进路径、对策建议。

2.2.4　四川省乡村数字新基建及数字经济新业态发展战略研究

（1）乡村数字新基建及数字经济新业态发展现状研究。基于统计数据和调研数据，对发展现状展开剖析，通过问卷调查和典型案例调查数据，对四川省乡村数字新基建及数字经济新业态发展进行评价分析。通过对涉农主体的调查研究，摸清现阶段存在的现实问题。通过数据分析与案例分析，进一步从产业层面对促进四川省乡村数字新基建与数字经济新业态发展的影响因素与阻碍因素展开探究。

（2）乡村数字新基建及数字经济新业态发展需求预测研究。结合四川省数字新基建及数字经济新业态发展目标，进一步分析四川省数字新基建及数字经济新业态发展现实需要，预测未来发展需求及二者融合发展的匹配度，为四川省数字新基建及数字经济新业态发展提供导向。

（3）乡村数字新基建及数字经济新业态发展战略部署。根据国家政策要求，结合四川省乡村数字新基建及数字经济新业态发展需求，提出面向2035年四川省乡村数字新基建及数字经济新业态发展战略目标，确定四川省乡村数字新基建及数字经济新业态发展思路、总体构想与框架、重点任务安排、重大工程。

（4）乡村数字新基建及数字经济新业态发展的对策与建议。结合战略部署，对标对表"数字乡村典型示范区"，针对组织领导、政策支持、试点示范、人才支撑、制度创新等方面提出对策与建议。

2.3 研究技术路线

四川省数字乡村发展战略研究技术路线如图 2-1 所示。

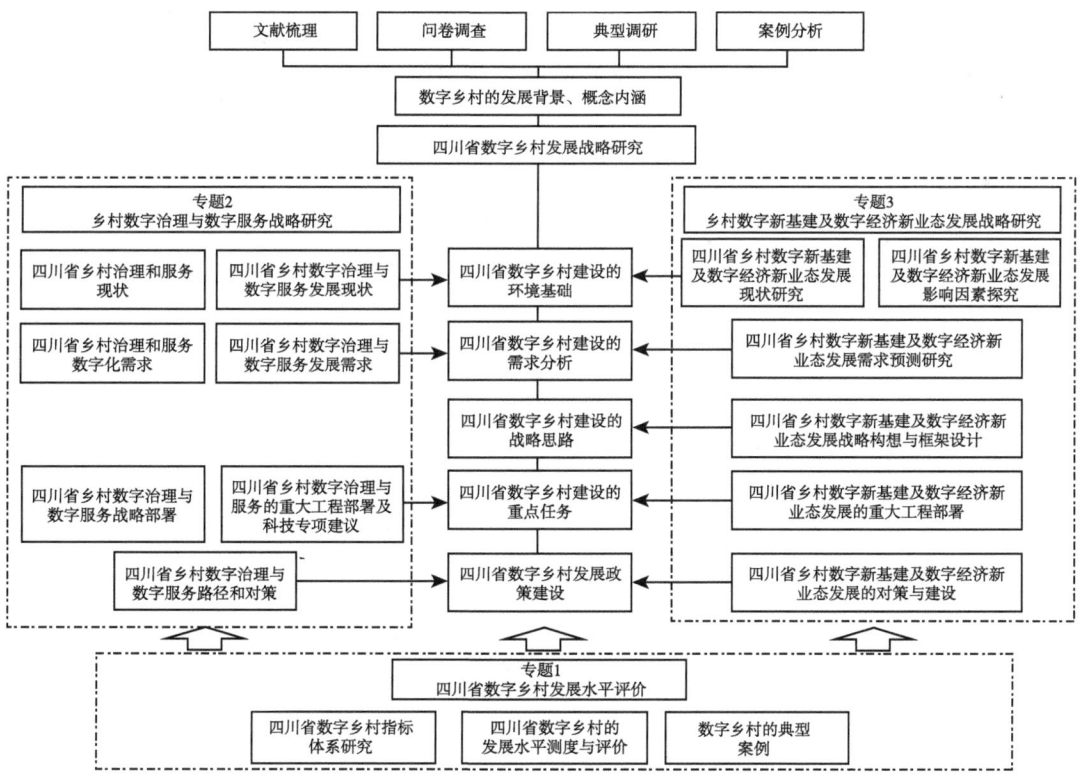

图 2-1 研究技术路线

2.4 研究方法

（1）文献分析法。广泛收集和阅读国内外文献，对国内外具有代表性的研究进展与成果进行深入分析，对数字乡村、数字治理、数字服务、数字新基建、数字新业态等核心概念进行界定，厘清本研究的核心范畴。

（2）统计分析法。通过对基层政府、数字企业、种养企业、专业合作社、村干部、村民等多元化主体开展实地问卷调查，使用统计分析法描绘目前四川省种养数字化、经营数字化、治理数字化、服务数字化、数字基础设施等的现状、问题与需求。

（3）指标体系评价法。从乡村数字环境与基础、乡村产业数字化、乡村服务数字化、乡村治理数字化等方面搭建数字乡村评价指标体系，结合调研数据，对四川省数字乡村建设的整体情况进行测算评价。

（4）案例分析法。对基层政府、数字企业、种养企业、专业合作社、村干部、村民等多元化主体等进行深度访谈与案例分析，剖析典型案例的主要做法、特点与经验启示，提炼出四川省数字乡村发展的典型模式。

第3章 数字乡村概念、特征与内在机理

3.1 相关概念辨析

3.1.1 数字农业、智慧农业与数字乡村

数字农业是数字经济在农业领域的重要实践。数字农业的实质是用数字技术开展农业生产经营管理，把数字技术运用到农业生产、加工、运输、销售、服务等各个产业链环节当中，通过将现代农业和信息化的深度融合，充分发挥数字技术对促进农业发展的重要效能，其主要目标是建成融合数据采集、数字传输网络、数据分析处理、数控农业机械为一体的数字驱动的农业生产管理体系，实现农业生产的数字化、网络化和自动化。智慧农业是以信息和知识为核心要素，通过将互联网、物联网、大数据、云计算、人工智能等现代信息技术与农业深度融合，实现农业信息感知、定量决策、智能控制、精准投入、个性化服务的全新的农业生产方式，是农业信息化发展从数字化到网络化再到智能化的高级阶段，智慧农业融合了现代农业的三大科技要素：品种、设施装备及信息技术。数字乡村则是伴随网络化、信息化和数字化在农业农村经济社会发展中的应用，以及农民现代信息技能的提高而内生的农业农村现代化发展和转型的进程，可以说数字农业是以农业生产数字化为特色的农业，是数字驱动的农业，而智慧农业是农业信息技术在农业中由单项应用走向综合应用的体现，这两者是数字乡村的组成部分，也是实现数字乡村的必经之路。

3.1.2 农业农村信息化与数字乡村

数字乡村相较于农村信息化有更丰富的内容。农村更多的是指从事农业和农民居住的地理区域，而乡村则更加综合：这个区域不仅进行农业活动，还有很多非农业活动在乡村中进行。农业农村信息化更加关注如何在农业生产过程中运用信息技术，而数字乡村的愿景则是把信息技术与农业、农村、农民这"三农"的融合放大到更多的领域，如利用数字技术进行乡村治理与公共服务、农村的生态保护、农

业+旅游业的数字产业合作等。

3.1.3 智慧城市与数字乡村

数字乡村与智慧城市之间互相联系，互相促进。智慧城市中的一些建设理念适用于数字乡村。但是数字乡村建设更强调利用信息技术形成基于海量信息和智能处理的新产业、新管理、新生活等，以提高乡村建设管理服务的智能化水平，促进农业农村发展和农民生活水平改善。数字乡村是数字中国的组成部分，数字乡村的实现为数字中国建设打下基础。"三农"问题是我国实现现代化的短板，开展数字乡村建设，以信息化培育农村，推动农村经济、政治、文化、社会各领域发展。以信息流带动技术流、资金流、物资流和人才流，促进资源配置优化，实现数字乡村与智慧城市齐头并进，为我国全面建设数字中国奠定坚实的基础。

3.1.4 数字乡村概念界定

根据中共中央办公厅、国务院办公厅印发的《数字乡村发展战略纲要》，数字乡村是伴随网络化、信息化和数字化在农业农村经济社会发展中的应用，以及农民现代信息技能的提高而内生的农业农村现代化发展和转型进程，既是乡村振兴的战略方向，也是建设数字中国的主要内容。数字乡村建设是落实乡村振兴战略的具体行动，是推动农业农村现代化的有力抓手，也是释放数字红利、催生乡村发展内生动力的重要举措，它以数字化赋能，开启了乡村振兴新模式。

在数字乡村这一概念提出前，更早地有"智慧乡村"这一构想，而关于这两者间的界定，有学者认为，数字乡村是现代信息技术在农村经济、政治、文化、社会、生态各领域各环节广泛而深度的应用[1]。有学者认为，智慧乡村有着智慧城市共性的一面，是对农村基础情况进行数据化处理，是农村信息基础设施和实体基础设施的高效结合，拥有智慧的管理理念、智慧的发展方式，以及智慧的建设手段[2]。有学者认为，数字乡村是依托数字经济的发展，以现代信息网络为重要载体，以现代信息技术为重要推动力，重构乡村经济发展的一种手段、过程和状态[3]。根据数字乡村建设溯源和其他学者的研究界定，数字乡村建设既是新时期国家应用现代信

---

[1] 王耀宗，牛明雷. 以"数字乡村"战略统筹推进新时代农业农村信息化的思考与建议 [J]. 农业部管理干部学院学报，2018（3）：1-8.

[2] 顾彬. 浅谈城乡统筹发展视角下的"智慧乡村"建设 [J]. 农村经济与科技，2012，23（6）：136-137，56.

[3] 王胜，余娜，付锐. 数字乡村建设：作用机理、现实挑战与实施策略 [J]. 改革，2021（4）：45-59.

息技术提高农业农村现代化治理水平的创新路径,新时期农业农村信息化的重要抓手[①],又是乡村振兴战略深入推进的必然选择,也是农业农村信息化的推进目标。

因此,本研究认为,数字乡村是在乡村振兴和建设数字中国、智慧社会的战略部署下,农业农村信息化深入推进,智慧城市建设不断发展的背景下,利用信息技术在农村经济、政治、文化、社会、生态文明和党的建设等各领域全面而深度地融合应用。

3.2 数字乡村内涵特征

3.2.1 数字乡村建设的本质属性是农业农村现代化

农业现代化是农村现代化的基础,为农村现代化提供产业基础和物质保障;农村现代化是农业现代化的依托,是实现农业现代化集聚必需的人口、土地等要素的空间载体。农业农村现代化既有物的现代化,又有人的现代化,还有乡村治理体系和乡村治理能力的现代化。而数字乡村是伴随网络化、数字化和信息化在农业农村经济社会发展中的应用,以及农民现代信息技能的提高而衍生的农村现代化发展和转型进程,它是一种遵循以人为本、开放共享、整体协同的治理理念,以数字技术为工具,对乡村生产、生活、生态等方面进行数字化重塑的建设模式,在《数字乡村发展战略纲要》中提到了乡村信息基础设施建设、发展农村数字经济、建设绿色智慧乡村、发展乡村网络文化、推进乡村治理能力和深化信息惠民服务等重点任务分别代表了农村产业现代化、生态现代化、文化现代化、乡村治理现代化、农民生活现代化,这"五位一体"既是数字乡村建设的要求,也是农业农村现代化的目标体现,所以说数字乡村建设的本质是农业农村现代化进程。

3.2.2 数字乡村建设的基本特征是信息技术综合应用

数字乡村建设的主要领域包括数字生产、数字生活、数字生态和数字治理,数字化是以数字经济为依托,将现代信息技术充分融合运用到农业产业和乡村生活中[②]。在农业现代化领域的供给侧利用卫星、无人机和传感器等设备,结合人工智能、物联网等现代信息技术,采集农业生产所需的关键信息,实现预警、监测、精

---

① 苏红键. 我国数字乡村建设基础、问题与推进思路 [J]. 城市, 2019 (12):13-22.
② 赵君怡,毕金平,徐伟学. 乡村振兴战略下数字乡村建设优化策略 [J]. 现代交际, 2022 (7):81-89,123.

细化作业；在需求侧利用大数据、区块链等技术，分析市场喜好和需求以优化农产品供给匹配，也可以通过直播短视频等多种形式销售产品、打造新品牌，提高从育种到消费各个环节的科技含量，提升农业效率。在农村现代化领域，通过应用大数据体系监测民情民意及时解决问题，打造聚合式的数字平台减少农民办事跑腿频次，降低基层工作人员挨家挨户搜集信息的压力，拓宽反映问题的渠道，增加双方的沟通交流从而建立起乡村基层数字治理新模式。

3.2.3 数字乡村建设的必然举措是整体规划与配套

乡村作为一个包含经济、社会、文化、生态、技术等多要素的复杂系统[①]，如果在数字乡村建设规划中忽略对农业产业从生产、加工到分配、流通的数字化转型的整体把握，缺乏在乡村生活、生态、治理方面进行系统的数字化布局，仅仅是在某一个或者某几个环节进行数字化改造，那么就会陷入缺乏联动的窘境。数字乡村建设需要完善水电交通等基础设施体系，通过遥感、大数据推动乡村土地资源、生产资料、基础设施、公共服务的有机整合，促进乡村经济增长的同时兼顾生态环境保护，实现农村产业、生态、文化、乡村治理、农民生活的"五位一体"现代化。

3.2.4 数字乡村建设的重要内容是提高农户信息技能

信息技术是数字乡村建设的工具，而要利用好这个工具需要提高农村居民信息素养与技能，城乡之间的"数字鸿沟"既有乡村5G基站、光纤宽带、物联网设施等基础设施上的滞后，更多的是城乡居民的信息素养与技能上的差异。在数字乡村战略实施过程中，人力是重要资源，智能设备、数字治理、智能服务都需要高层次技术人才参与，但同时也需要有具备一定信息素养的农民去使用才能真正发挥数字化带来的作用，如果部分农民在主观上就排斥数字生活、数字生产，或者将信息资源仅用于通信娱乐，那么一旦缺乏政策推动，乡村内部、乡村之间、乡村与城市之间的数字鸿沟将会进一步扩大。

3.2.5 数字乡村建设的关键作用是增强乡村内生动力

数字乡村利用现代信息技术激发产业发展活力，拥有高效、优质、特色的乡村产业链，同时运用技术为个人发展和组织协调赋能，从强化主体能力和组织互联等层面提高乡村公共事务治理的有效性，弥补传统乡村治理模式的诸多缺陷，并为乡

---

① 沈费伟，叶温馨. 数字乡村发展的实现路径考察：基于精明增长理论的探索[J]. 人文杂志，2022（4）：69-80.

村提供高质量可持续的公共服务。通过产业、治理和公共服务三大维度，发挥本地人才优势，突出本地资源的利用价值，放大数字资源乘数效应，不断催生新产业、新业态、新模式，为乡村振兴提供内生动力。

3.3 数字赋能乡村发展内在机理

3.3.1 数字赋能的机理框架

数字赋能（Digital Empowerment）是伴随数字技术出现的新理论命题，是赋能理论（Empowerment Theory）在信息时代的延伸和发展。关于"数字"的含义。一般而言，在信息技术和大数据语境下，"数字"包含两层含义：一是指人们在日常生产生活中使用电子计算机等智能设备产生的数据集合，即大数据；二是指能够收集、存储、分析大数据的数字设备以及相应的信息技术[①]。大数据以及数字技术的发展不仅给人类社会生产生活带来巨变，在促进各类产业升级和转型的同时，也促使人们具备了以前不曾拥有的能力，即在庞大数据中提取有效信息的能力，而这正是数字技术所具备的"赋能效应"[②]。因此，"数字赋能"含义为数据和信息技术赋能。另外，关于"赋能"的内涵。目前"赋能"的概念没有统一定论。"赋能"最初是心理学上的概念，它是指通过特定的方式，给予他人正向激励，以最大限度发挥个人的能力。后来，这一概念被运用到组织学、社会学、管理学等多个学科中。从组织学角度看，"赋能就是通过改变组织结构、文化、资源、权力和个人心理等方面，最大限度地发挥个人或组织潜能，提高个人或组织的行动能力和工作效率，促进个人或组织获得过去所不具备的能力或不能实现的目标"；从社会治理的角度看，"赋能是通过各种手段与方式赋予弱势群体参与活动、处理事务、获取资源、控制生活和融入社会的能力、权力与权利，以此激发他们内在的自我效能感，增强他们对外界与他人的影响力，从而使之达到更好的生活状态"[③]；从社会发展角度看，"赋能是指通过特定的方式给予特定人群能力，包括生存能力、生活能力和发

---

① 陈海贝，卓翔芝. 数字赋能研究综述［J］. 图书馆论坛，2019，39（6）：53-60.
② 杨嵘均，操远芃. 论乡村数字赋能与数字鸿沟间的张力及其消解［J］. 南京农业大学学报（社会科学版），2021，21（5）：31-40.
③ 王丹，刘祖云. 乡村"技术赋能"：内涵、动力及其边界［J］. 华中农业大学学报（社会科学版），2020（3）：138-148.

展能力等"①；而从管理创新的角度看，"赋能"被理解为"激发行动主体自身的能力实现既定目标，为行动主体实现目标提供一种新的方法、路径和可能性"②。总体来看，"赋能"最重要的一个含义在于"赋予他人某种能力"，并且发挥这种能力会改善被赋能对象的生活状态。

根据上述众多理解，"数字赋能"是指通过运用数字技术让人们具备改善生活、进一步发展的能力，同时被赋能者能够最大限度地发挥数字技术赋予他们的能力。数字赋能乡村发展可以理解为运用大数据、人工智能、云计算和物联网等信息技术以及农业农村衍生的数据集合、基础数据资源，提升乡村产业发展、政策制定和执行、乡村治理以及文化建设中多元主体行动能力与内生动能，促成乡村建设要素、多领域的数字化、信息化与智慧化的转型升级，进而推动乡村的优化发展，以达到乡村基层经济发展增效、民主建设增强、社会治理增智、文化治理增益、生态文明增进以及农民增收，获得感、满足感、归属感和幸福感增强的振兴目标，为解决"三农"问题提供内生动能③。

数字赋能乡村发展的内在机理，一是数字赋能乡村产业发展：乡村产业成本的降低、产业效率的提升、农产品质量的优化、产业结构的升级和一二三产业的融合等方面有助乡村产业兴旺；二是数字赋能乡村绿色生态可持续发展，有助乡村生态宜居；三是数字赋能党务、政务、村务管理，有助实现乡村治理廉明；四是数字赋能乡村文化建设与传播，有助实现乡村文明；五是数字赋能教育医疗，有助实现乡村生活富裕（图3-1）。

3.3.2 数字赋能降低乡村产业成本

以农业为主体的乡村产业成本主要包括生产成本和交易成本。不断抬升的产业成本是导致我国农业基础竞争力乏力的重要因素。一是降低劳动成本④。传统的乡村产业大多是以农业为主的劳动密集型产业，劳动投入大，劳动力成本高。数字技

---

① 陈海贝，卓翔芝. 数字赋能研究综述［J］. 图书馆论坛，2019，39（6）：53-60.
② 关婷，薛澜，赵静. 技术赋能的治理创新：基于中国环境领域的实践案例［J］. 中国行政管理，2019（4）：58-65.
③ 杨嵘均，操远芃. 论乡村数字赋能与数字鸿沟间的张力及其消解［J］. 南京农业大学学报（社会科学版），2021，21（5）：31-40.
④ 周新德，周杨. 数字经济赋能乡村产业振兴的机理、障碍与路径研究［J］. 粮食科技与经济，2021（5）：21-26.

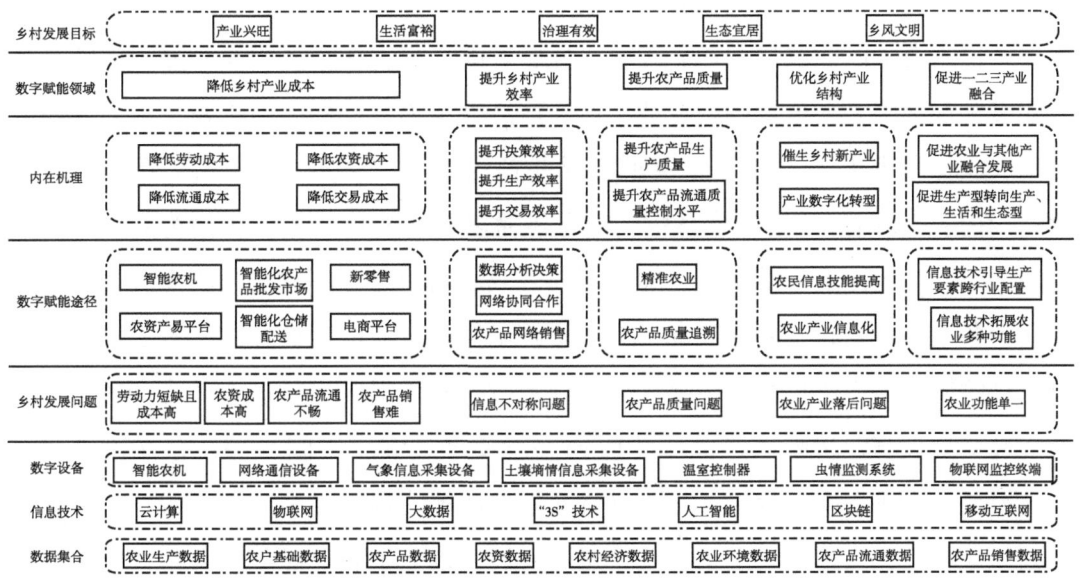

图 3-1　数字赋能乡村发展机理

术的融入，通过生产方式的改变，可节约劳动力，提升劳动生产效率，降低生产成本。如无人机等智能化设备在播种、施肥、喷药、收割等农业生产过程中的广泛应用，可大大降低农业生产的劳动强度，节省劳动时间和成本。二是规模经济导致的成本降低。数字经济背景下，新型电子商务平台发展迅猛，拓展了农产品的市场范围，扩大了农产品销售的市场规模，产生的规模经济效应，可大大降低单位农产品的生产成本。三是降低交易成本。我国传统的农产品流通中间环节和交易主体较多，信息不对称现象较为严重，交易流通成本高、效率较低。以乡村电商为代表的农产品电子商务连接了农产品流通环节中的各类主体，信息在虚拟空间自由流动，各类主体既能较为便捷地获得诸如农产品价格、质量等方面的信息，降低交易中的信息搜寻成本，同时也由于信息沟通更为便捷，能降低交易中的谈判、签约、监督等成本，从而大大降低农产品交易成本[①]。

3.3.3　数字赋能提升乡村产业效率

一是提升决策效率[②]。数字技术帮助农业经营者进行农事分析与生产决策，推

---

① 张在一，毛学峰."互联网+"重塑中国农业：表征、机制与本质 [J]. 改革，2020（7）：134-144.
② 周新德，周杨. 数字经济赋能乡村产业振兴的机理、障碍与路径研究 [J]. 粮食科技与经济，2021（5）：21-26.

动农业生产模式从依赖人工经验转为借助数字化技术调控生产,实现由人决策到数据决策,改变了以往农户种地凭经验、凭感觉的局面,提高了决策的效率。智能算法能够实现全国、全球范围内农业生产、产品存量等数据的实时汇总,以最大限度帮助农业生产决策者了解产品供求状况并预测未来市场需求[①]。二是提升生产效率[②]。在传统乡村产业生产体系中,信息传播以口耳相传的人际传播为主,各经营主体之间、产业链上下游企业之间、不同区域之间信息源不完全、不充分,产业生产活动各主体之间缺少协作互动,大大影响了乡村产业的生产效率。数字赋能,通过信息的畅通和广泛自由的传播产生协同效应,从而提升乡村产业的生产效率。三是提升交易效率。传统农产品销售流通一般要经过多个中间环节,存在流通环节多、损耗大、成本高、信息不对称、流通效率低等问题。数字经济背景下,以互联网和信息技术为支撑的线上信息平台迅速发展,改变了农产品传统营销方式,拓展了农产品的销售渠道,农产品网络销售市场快速增长,市场规模迅速扩大,农产品交易流通效率得以大幅提升。

3.3.4 数字赋能提升农产品质量

农产品的生产受环境的影响大,其产量和质量都具有较强的不可预见性,特别是由于农产品生产过程难以规范,产品质量难以控制。一方面,我国优质农产品供给难以跟上城乡消费需求升级的步伐;另一方面,一些假冒伪劣等"问题"农产品仍然充斥市场。要实现乡村产业的高质量发展,必须大力推进农产品的质量提升。生产和收获环节,可利用农业传感器技术、全球定位系统(GPS)以及遥感(RS)等技术实现农业生产精准管理,有效控制因环境因素导致的品质不确定性;流通和销售环节,利用射频识别技术与互联网,对农产品流通和交易环节进行全程监控与追踪,实现农产品质量全程可追溯。

3.3.5 数字赋能优化乡村产业结构

技术进步是驱动产业结构升级的内在动力,数字经济背景下,以新一代信息技术为代表的数字技术是推进乡村产业结构升级的强大动能。首先,数字技术能催生乡村新的商业模式,新的商业模式被迅速复制、推广,进而形成新的乡村产业,促

---

① 殷浩栋,霍鹏,汪三贵. 农业农村数字化转型:现实表征、影响机理与推进策略[J]. 改革,2020(12):48-56.

② 肖旭,戚聿东. 产业数字化转型的价值维度与理论逻辑[J]. 改革,2019(8):61-70.

进乡村产业结构升级。典型的如"直播带货""内容电商"等网购新业态在广大农村地区方兴未艾，催生出了新的乡村产业。其次，数字技术在乡村传统产业大量运用，驱动乡村传统产业数字化转型，促进乡村产业结构升级。通过数字技术，传统农业生产可采用可感知的智能生产模式，大大提升乡村产业的生产效率和智能化水平。如农机物联网作业信息系统，可以实时监控农业生产区域，记录所有机械使用情况；远程控制水肥药一体化系统可以采集数据进行统计分析，对农田进行精准灌溉等。

3.3.6 数字赋能促进产业融合

信息技术具有通用性和高渗透性的特点，信息技术向一二三产业渗透，能促进农业与其他产业的融合，引导劳动、资本、技术等各种要素跨行业配置，有效提升农产品的附加值和产业效益，产生极大的产业融合效应。数字技术可促进农业与第二产业的融合，形成智慧农机制造、农产品精深加工等一二产业融合模式；数字技术也可促进农业与第三产业的融合，形成农业电子商务、智慧生态观光旅游等多种形式的一三产业融合模式[①]；信息技术还有利于农业多种功能的拓展，促进观光农业、体验农业等农业新业态的发展，推动农业由单一生产型向生产、生活和生态型的多功能产业转变[②]。

3.3.7 数字赋能促进乡村绿色可持续发展

数字技术应用在农业领域，有效促进农业绿色生态发展。借助数字技术，大力推广测土配方施肥、农药精准科学施用、节水灌溉，推动农业废弃物资源化利用，不仅能合理利用农业资源，而且对减少污染、改善环境和发展绿色农业都具有巨大的推动作用。有调查显示，农业无人机的精准喷洒作业能够有效减少30%以上的农药及水资源浪费。另外，农田物联网的实时监测和数据采集功能可以精准指导农业生产和决策，从源头避免资源浪费[③]。总之，数字技术在农业领域的应用能够帮助我们守住绿水青山，使农业资源利用方式更有效，生态环境更友好，提高我国农业

[①] 汝刚，刘慧，沈桂龙. 用人工智能改造中国农业：理论阐释与制度创新 [J]. 经济学家，2020（4）：110-118.

[②] 周新德，周杨. 数字经济赋能乡村产业振兴的机理、障碍与路径研究 [J]. 粮食科技与经济，2021（5）：21-26.

[③] 刘俊祥，曾森. 中国乡村数字治理的智理属性、顶层设计与探索实践 [J]. 兰州大学学报，2020（1）：34-36.

绿色发展的能力①。

3.3.8 数字赋能促进乡村文化建设与传播

乡村的发展朝着乡村文明的目标推进，广义的乡风文明包括文明的乡风、家风和民风。数字技术打破了文化传播的时间与空间限制，增强了文化的可分享性，丰富了村民的文化生活。数字媒介传播具有便捷、快速、多样等优点。数字媒介让乡村居民借助互联网、App、短视频平台等获取大量文化资源的同时，也传播了乡村工艺品、老手艺和乡村自然风光等。通过数字远程教室学习丰富多彩的课程。数字赋能乡村文化生活，居民更容易接受艺术熏陶，培养兴趣，加速城乡文化资源要素流动，促进乡村优秀传统文化的创造性转化与创新性发展。乡村依托数字技术可开发乡村文化资源，传递优秀价值观，促进文化认同，推动文化传承。

3.3.9 数字赋能促进乡村治理廉明

提升党务、政务、村务管理效率，促进乡村治理公开、公平、公正，推进基层党建工作数字化管理。在政务、村务方面，打造集信息公开、村民在线交流议事、村民选举、民意表达等于一体的村务平台，提升治理效率，促进村民共享、共治。通过党的思想理论宣传建设网络新平台，高效、迅捷传递党的思想理论，延伸党的思想教育空间；通过网络平台密切联系群众，倾听党员和群众心声；建立党员网格管理平台，运用大数据和云计算技术，建立党员管理功能模块，实现党员动态管理网格化、系统化、智能化。助建平安乡村，以乡村天网工程提升乡村治安水平；建立乡村产权管理平台，提升村民自治能力。

3.3.10 数字赋能促进公共服务均等化

数字赋能生活富裕体现在通过赋能产业发展来激发乡村发展内生动力。教育落后是导致乡村贫困的根源②，要想乡村生活富裕，必须重视乡村教育，补齐教育短板，在乡村推行"互联网+教育"，优化教育资源配置，降低教育成本，提升教育资源的共享范围。医疗资源短缺、医疗卫生条件差制约着乡村发展③，通过数字技术优化医疗资源配置，推进优质医疗资源下沉，是补齐农村医疗短板的重要途径，

---

① 张晨欣. 数字经济赋能乡村振兴的内在机理与实践 [J]. 安徽商贸职业技术学院学报（社会科学版），2021, 20 (1)：5-10.

② 同①.

③ 同①.

如远程问诊、在线问诊等可让农民在乡村医院享受到异地优质的医疗资源；借助于数字技术可以提升乡村医疗水平，为乡村医生提供线上学习、检测一体机、多场景远程培训等，极大地扩展了村医诊疗能力。数字赋能生活富裕需要补齐乡村教育和医疗短板，促进乡村人才体智能的提升。

3.4 数字乡村建设的主要内容

3.4.1 建设框架

按照《数字乡村发展战略纲要》的有关要求，结合国家出台的《数字乡村建设指南1.0》，总结数字乡村建设的主要内容包括信息基础设施、公共支撑平台、数字应用等（图3-2）。

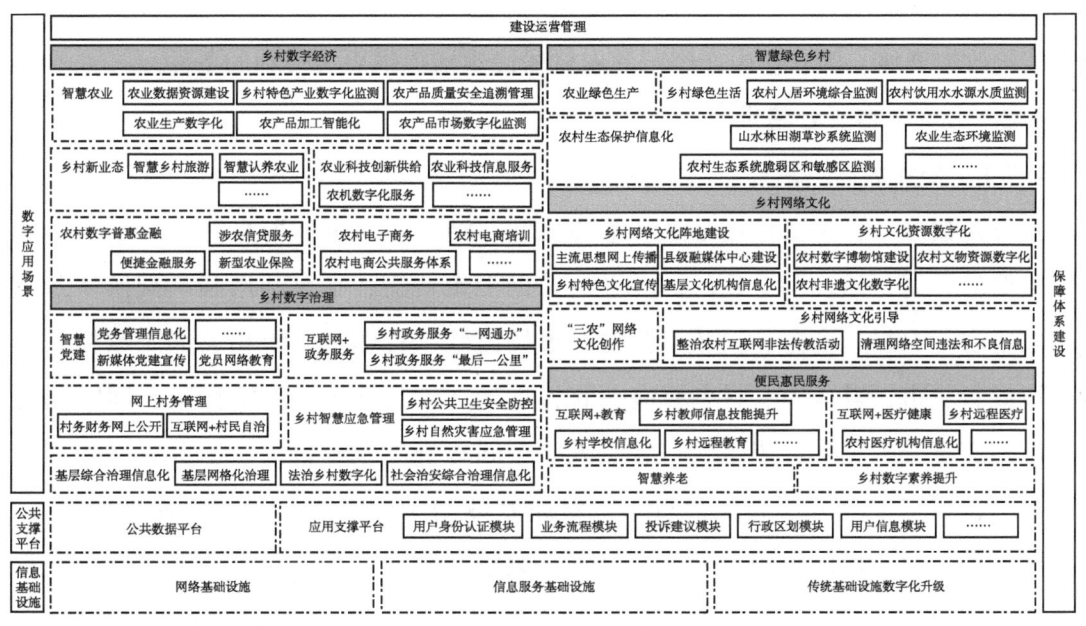

图 3-2　数字乡村建设总体参考架构

3.4.2 信息基础设施建设

乡村信息基础设施是数字乡村的底座，建设内容包括网络基础设施、信息服务基础设施，以及传统基础设施数字化升级。

3.4.2.1 网络基础设施

网络基础设施包括电信网络、广播电视网络等，具备为农村居民提供网络接入能力，为乡村智能感知系统部署提供网络连接基础。不断优化提升电信网络承载能力，实现行政村的宽带接入全覆盖，对于有条件的行政村提供千兆光纤接入，推动基于 IPv6 的下一代互联网规模部署和应用。乡村移动宽带网络，优化现有网络性能，提升网络质量和覆盖深度，适时推进 5G 网络在乡村的建设。农村广播电视网络要提高覆盖率，丰富广播电视节目的提供渠道，实现广播电视的全面覆盖。

3.4.2.2 信息服务基础设施

信息服务基础设施利用信息技术为农村居民提供政务、生产、生活等领域信息服务的站点和设施，包括村级政务服务代办站（点）、农村电商服务站、益农信息社、村级供销合作社等。

3.4.2.3 传统基础设施数字化升级

传统基础设施数字化升级主要是通过引入互联网、大数据、人工智能等新一代信息技术，实现水利、气象、电力、交通、农业生产和物流等基础设施的数字化、智能化改造升级，为农业生产经营和农村居民生活提供更为便利的条件。

3.4.3 公共支撑平台建设

3.4.3.1 公共数据平台

公共数据平台主要作用是融合结构化和非结构化数据，着重解决数字乡村相关数据的汇聚、治理和应用问题。平台数据汇聚功能，平台利用共享交换体系横向融通农业农村、商务、民政、公安、市场监管、自然资源等相关部门数据，汇聚形成省、市、县、乡、村各级有关农村生产、生活和管理的数据集，同时向上连通国家基础数据库，提供人口、法人、空间地理等基础数据。平台数据治理功能，平台将基于政务信息资源目录，对原始数据进行集成、清洗、脱敏和归集，保证一数一源，形成关于乡村数字经济、数字治理、网络文化等一系列专题数据库。在使用过程中注意及时更新数据，不断提升数据质量。平台数据应用功能，平台利用专题数据库，对各级部门行政事项和服务场景进行全映射，支撑各类数字乡村应用，并通过开放授权系统、数据空间、数据加工工具等方式向社会提供服务，为授权机构及个人利用开放数据进行应用创新提供便利，凝聚社会力量参与数字乡村建设。

3.4.3.2 应用支撑平台

应用支撑平台主要作用是提供丰富的业务功能标准化模块和编程接口，支撑各级政府部门开发和提供各类兴农便民应用。平台应以政务云平台形式构建，并提供各模块的目录和详细说明，便于各级部门和开发单位检索、查询。平台应包含用户身份认证模块、业务流程模块、行政区划模块、投诉建议模块、信用信息模块等基本功能模块。有条件的省份可提供自然语音处理、视频图像识别等应用模块。

3.4.4 乡村数字应用

3.4.4.1 乡村数字经济

乡村数字经济建设内容包括智慧农业、农村电子商务、乡村新业态、农业科技创新供给、农村数字普惠金融五大方面。智慧农业主要包括农业数据资源建设、农业生产数字化（种业数字化、种植业数字化、林草数字化、畜牧业数字化、渔业渔政数字化）、农产品加工智能化、乡村特色产业数字化监测、农产品市场数字化监测和农产品质量安全追溯管理等内容，通过互联网、云计算和物联网等技术，依托部署在农业生产现场的各种传感节点和通信网络，实现农业生产环境的智能感知、智能预警、智能决策、智能分析、专家在线指导，为农业发展提供精准化生产、可视化管理、智能化决策等支撑。农村电子商务主要是利用互联网、计算机、多媒体等现代信息技术，使从事涉农领域的生产经营主体通过电子化、网络化方式完成产品或服务的销售、购买和电子支付等业务过程，其建设内容包括农村电商公共服务体系和农村电商培训等。乡村新业态包括智慧乡村旅游、智慧认养农业等建设内容，主要是基于互联网、人工智能、大数据等新一代信息技术在乡村农林牧渔、旅游、文化、教育、康养等领域的应用，形成的新型产业组织形态，更好地促进现代农业发展和农村一二三产业融合发展。农业科技创新供给包括农机数字化服务、农业科技信息服务等，通过发挥科技创新在"三农"建设中的支撑引领作用，促进农业生产数字化、智能化，推动实现农业高质量发展。农村数字普惠金融主要包括便捷金融服务、涉农信贷服务、新型农业保险等，借助数字化技术减少金融服务中的信息不对称，精准匹配资金需求，降低农民和新型生产经营主体融资门槛，缓解农村融资难、融资贵、融资慢等问题。

3.4.4.2 智慧绿色乡村

智慧绿色乡村建设涵盖农业绿色生产、乡村绿色生活和农村生态保护信息化三个方面的内容。农业绿色生产主要是通过应用农业投入品追溯管理平台，规范农业生产经营企业活动，实现农药、兽药、化肥、饲料等农业投入品流向可跟踪、风险可预警、责任可追究，防止不合格的农业投入品进入流通领域，减少农业投入品的滥用，推动农业绿色发展，使农业生产和环境保护协调起来，在保护环境、保证农产品绿色无污染的同时促进农业发展和增加农户收入。乡村绿色生活主要包括农村人居环境综合监测、农村饮用水水源水质监测等，通过云计算、物联网、人工智能、无人机、高清视频监控等信息技术手段，对乡村居民生活空间、生活用水等进行监测，为农村人居环境综合整治提供依据。农村生态保护信息化主要包括山水林田湖草沙系统监测、农业生态环境监测及农村生态系统脆弱区和敏感区监测等内容。通过物联网、人工智能、卫星遥感、高清视频监控等信息技术手段，对农业农村生态环境的现状、变化、趋势进行综合监测分析，助力推进农村生态系统科学保护修复和污染防治，持续改善农村生态环境质量。

3.4.4.3 乡村网络文化

乡村网络文化建设包括农村网络文化阵地建设、乡村文化资源数字化、"三农"网络文化创作和乡村网络文化引导等方面。农村网络文化阵地建设是指将网络媒体作为社会主义先进文化在农村地区传播的有效渠道，通过主流思想网上传播、县级融媒体中心建设、乡村特色文化宣传、农村基层文化服务机构信息化，巩固农村思想文化阵地。乡村文化资源数字化主要包括农村数字博物馆建设、农村文物资源数字化、农村非物质文化遗产数字化等，通过信息技术采集农村风土民情、非遗资源、文物遗址等文化资源信息，以数字化形式进行资源存储、管理、分析、利用、展示，实现乡村传统文化的保护与网上广泛传播。"三农"网络文化创作是指以"三农"为主题，支持内容创作者开展文艺创作，推出一批具有浓郁乡村特色、充满正能量、深受农民欢迎的网络文学和网络视听节目。乡村网络文化引导主要包括整治农村互联网非法传教活动、清理网络空间违法和不良信息等，通过清理整顿网络负面信息，加强内容创作和传播引导，为农村居民打造清朗健康的网络空间环境。

3.4.4.4 乡村数字治理

乡村数字治理的建设内容涵盖智慧党建、"互联网+政务服务"、网上村务管理、基层综合治理信息化和乡村智慧应急管理等方面。智慧党建主要包括党务管理信息化、新媒体党建宣传、党员网络教育等内容，通过互联网、大数据等新一代信息技术，推动农村党建相关党务、学习、活动、监督、管理、宣传等工作的全面整合，打破农村党建传统条件限制，提高县级、村级党建工作的一体化、智能化、信息化水平，并通过数据分析手段，及时跟踪了解基层党建工作进展，不断提升党建管理效率和科学化水平。"互联网+政务服务"主要包括乡村政务服务"一网通办"、乡村政务服务"最后一公里"等内容，利用互联网、大数据、云计算等技术手段，构建一体化政务服务平台，为企业、民众提供一站式办理的政务服务。乡村"互联网+政务服务"基于全国一体化政务服务体系，通过扩大涉农政务服务事项网上办理比例，部署乡村基层政务服务中心、站点等方式，推动政务服务向乡村延伸，实现涉农政务服务"网上办""马上办""一网通办"。网上村务管理主要包括村务财务网上公开、"互联网+村民自治"等内容，通过互联网平台公开村务财务信息、征集村务决策意见、接受群众监督。基层综合治理信息化主要包括基层网格化治理、社会治安综合治理信息化和法治乡村数字化等内容，通过将互联网、大数据等新一代信息技术与基层综合治理深度融合，构建立体化基层综合治理联动体系，实施网格化服务管理，提升基层综合治理的"预测、预警、预防"能力，为农村基层预防风险、化解矛盾、打击犯罪和保障农村居民安全等提供有力支撑。乡村智慧应急管理主要包括乡村自然灾害应急管理和乡村公共卫生安全防控等内容，通过物联网、云计算、大数据和人工智能等新一代信息技术，对突发事件的事前预防、事发应对、事中处置和善后恢复进行管理和处置，实现灾情有效预防、应急事件迅速解决、应急资源高效利用，最大限度保证乡村居民人身和财产安全。

3.4.4.5 信息惠民服务

信息惠民服务涵盖"互联网+教育""互联网+医疗健康"、智慧养老和乡村数字素养提升等方面。"互联网+教育"主要包括乡村学校信息化、乡村远程教育、乡村教师信息技能提升等内容，通过将互联网等新一代信息技术与教育深度融合，推动乡村学校网络覆盖、城市优质教育资源与乡村对接，实现城乡教育资源均衡配置。"互联网+医疗健康"主要包括农村医疗机构信息化、乡村远程医疗等内容，是将互联网等信息技术与传统医疗健康服务深度融合而形成的一种新型医疗健康服务业态，通过开发新的医疗健康应用、创新医疗健康服务模式，解决区域医疗资源分布不平衡、不充分问题，为乡村地区带来优质医疗资源，提升乡村医疗服务的普惠性和通达性。智慧养老是指利用智能穿戴设备、家居设备和呼叫设备等，为农村地区老年人提供远程医疗、健康管理、随身监护、关爱视频等综合性、多样性的养老服务，提升农村老年人生活质量。乡村数字素养提升主要包括新型职业农民培育、农村居民数字素养培训、基层干部数字素养培训等内容，通过线上线下培训相结合的方式，提升农村居民和农村基层干部的设备与软件操作、沟通与协作、数字内容创建、数字安全等数字能力。

第4章 中国数字乡村发展历程、现状与趋势

我国数字乡村始于改革开放初期的农业农村信息化探索，20世纪90年代初期，为推动相关领域的信息化、规范化、网络化管理进程，国家提出了12项"金字工程"，但由于农业信息网络的基础设施落后于其他行业，缺乏高质量数字化的农业信息资源，农业农村领域信息网络技术人才匮乏等原因，导致"金农工程"相对于其他领域发展缓慢[1]。金农工程的建设分为两个阶段。第一阶段：建立包含信息采集、存储、管理、服务、应用分析等内容的农业综合管理和服务信息系统（信息化建设）；第二阶段：扩大信息采集点规模，完善各级、各部门间的信息传输和处理中心，提高传输速率（网络化建设）。金农工程作为我国农业数字化发展进程的先驱，也是数字乡村发展的重要组成部分[2]。因此，我国数字乡村的发展历程可分为信息化、网络化、智能化三个阶段，未来将进入全面发展的新时期。

4.1 数字乡村建设历程

4.1.1 信息化阶段（1980—2000年）

1980—2000年为我国数字乡村的信息化起步阶段。我国数字乡村发展的数字化阶段可追溯到改革开放初期，延续至21世纪初。信息化的概念起源于20世纪60年代的日本，而我国正式引入"信息化"的概念是在20世纪80年代[3]，当时电脑设备在一定范围内得到普及，计算机数据处理功能开始运用于农业生产加工信息处理及农业数据库的建立[4]。相较于发达国家，我国信息化发展呈现出起步晚、基础

---

[1] 周义桃, 周国民. 我国农业网站发展现状与趋势 [J]. 农业图书情报学刊, 2005 (2): 43-46.
[2] 李瑾, 崔利国. 我国农业信息化发展阶段研究 [J]. 广东农业科学, 2014, 41 (20): 227-232.
[3] 张津航. 信息化发展对生活的影响 [J]. 通讯世界, 2017 (23): 367.
[4] 张鹏. 浅谈计算机信息技术在农业中的应用 [J]. 中国轻工教育, 2007 (4): 72.

薄弱，但发展速度快的特征①。1986年，农牧渔业部制定《农牧渔业信息管理系统设计》和《农牧渔业部电子计算机应用规则》，成为我国最早的农业信息化政策文件，该时期我国各大科研院校相继建立一批农林数据库。1994年，为加速和推进农业和农村信息化，国家经济信息化联席会议上首次提出建设"金农工程"，建立"农业综合管理和服务信息系统"。20世纪90年代，我国信息化技术建设速度加快，使得一些中小城市和农村的信息化程度有所提高，但与城市相比，农村人口使用互联网技术和先进信息技术产品的人数依然较少。1996年第一次全国农业信息工作会议的召开，标志着我国农业信息化工作开始进入政府推进、有序发展的新时期。

4.1.2 网络化阶段（2000—2010年）

2000—2010年为数字乡村的网络化发展阶段，该时期所呈现的特征为农业信息服务的相关政策逐渐完善，乡村网络基础设施建设加强，计算机和网络信息技术逐步在乡村领域推开，并逐步建成农业信息网络体系。2001—2007年，农业部先后出台了《"十五"农村市场信息服务行动计划》《关于进一步加强农业信息化建设的意见》《"十一五"时期全国农业信息体系建设规划》以及《全国农业和农村信息化建设总体框架（2007—2015）》等政策，对农村数字化发展作出规划与部署。该时期也是"金农工程"建设的第二阶段，建设要求农业信息采集点的规模总数达到3 000个，省级农业综合信息传输和处理中心进一步完善，与金农国家中心的网络互联达到64K以上速率，网络化程度进一步提升②。2008年，中央一号文件《中共中央　国务院关于切实加强农业基础建设进一步促进农业发展农民增收的若干意见》强调要按照求实效、重服务、广覆盖、多模式的要求，整合资源，共建平台，健全农村信息在线服务体系。

该阶段，我国加大对农业信息化建设的支持，农业信息化已从过去单纯注重硬件投入进入信息系统开发和信息资源建设并重，从单纯应用互联网到多种信息技术集成组装，从单纯提供信息服务到全面推进农业生产、经营、服务、管理全过程和全要素信息化的发展阶段，农业信息化实现了由单一技术向综合集成发展的过渡，

---

① 李瑾，冯献，郭美荣. 我国农业信息化发展的形势与对策 [J]. 农业工程技术，2016，36 (12)：59-67.
② 贾善刚. 金农工程与农业信息化 [J]. 农业信息探索，2000 (1)：5-10.

农业信息化步入农业信息技术集成开发与应用中期阶段①。

4.1.3 智能化阶段（2010年至今）

2010年至今为数字乡村发展的智能化阶段。该时期云计算、大数据、物联网、人工智能、区块链等新兴技术迅速发展，数字技术与农业农村深度融合已经成为时代趋势。在实施乡村振兴战略和建设数字中国的大背景下，数字乡村建设应运而生，助力农业农村向智能化系统推进。物联网、大数据、云计算等技术在各行业领域中的应用，带动了信息化水平的提高。2011年我国信息化发展指数为3.88，位于世界第78名，仅比2002年提高了11名，与发达国家的差距在逐渐缩小，同时也存在信息化应用水平仍较低的问题。

2012年，党的十八大作出"促进工业化、信息化、城镇化、农业现代化同步发展"的战略部署，对农业信息化发展提出新的要求。2017年，党的十九大报告首次提出乡村振兴战略，数字乡村的概念应运而生。2018年1月，中共中央先后出台《中共中央 国务院关于实施乡村振兴战略的意见》《乡村振兴战略规划（2018—2022年）》等政策，对实施乡村振兴战略进行了全面部署②。该时期，面对市场经济和生态资源的变化，对农业生产、经营、管理数字化的需求日益猛增。同时，我国信息领域蓬勃发展，农村电商快速崛起，农产品网上交易量突飞猛进，新一代信息技术日渐成熟，为乡村数字化发展带来了机遇，也奠定了坚实的基础。

2019年5月17日，中共中央办公厅、国务院办公厅发布了《数字乡村发展战略纲要》，确立了从2020年到21世纪中叶四个阶段的数字乡村发展目标。2020年1月，国家先后发布《关于抓好"三农"领域重点工作确保如期实现全面小康的意见》《数字农业农村发展规划（2019—2025年）》。明确提出，要加强现代农业设施建设③。依托现有资源建设农业农村大数据中心，加快物联网、大数据、区块链、人工智能、第五代移动通信网络、智慧气象等现代信息技术在农业领域的应用，标志着我国数字乡村智能化建设进入落地实施阶段。2020年10月，中共中央多部门联合印发了《关于公布国家数字乡村试点地区名单的通知》，公布了首批国家数字

---

① 郭顺义，杨子真，等. 数字乡村：数字经济时代的农业农村发展新范式 [M]. 北京：人民邮电出版社，2021.
② 黄季焜，易红梅，吕志彬，等. 县域数字乡村指数 [R]. 2018.
③ 郑磊，胡思洋. 国家数字乡村发展的现状及挑战 [J]. 中国国情国力，2021（8）：19-22.

乡村试点地区名单[①]。国家级试点示范的开展，标志着数字乡村战略进入全面发展的新时期。

4.2 数字乡村发展现状

4.2.1 数字乡村总体框架已初步形成

数字乡村是建立在网络化、信息化、数字化基础上的农业农村发展方式转变，是以数据为基础，以系统、平台、产品多种技术手段为依托，对传统农业农村现代化转型的大推进[②]。党的十八大以来，党中央、国务院高度重视数字乡村建设，基于乡村振兴战略"产业兴旺、生态宜居、乡风文明、治理有效、生活富裕"的总体要求[③]，我国结合乡村实际情况设计数字乡村整体规划，先后出台了《数字农业农村发展规划（2019—2025年）》《2020年数字乡村发展工作要点》《数字乡村建设指南1.0》等一系列重大政策，明确了数字乡村的建设目标、重点任务、实施步骤、配套政策，搭建起了数字乡村发展的总体框架。2019年5月，中共中央办公厅、国务院办公厅印发的《数字乡村发展战略纲要》中，明确了在我国数字乡村发展过程中加快乡村信息基础设施建设、发展农村数字经济、强化农业农村科技创新供给、建设智慧绿色乡村、繁荣发展乡村网络文化、推进乡村治理能力现代化、深化信息惠民服务、激发乡村振兴内生动力、推动网络扶贫向纵深发展和统筹推动城乡信息化融合发展十大重点任务。2020年1月，农业农村部、中央网信办印发了《数字农业农村发展规划（2019—2025年）》，明确了新时期数字农业农村建设的总体思路，是以产业数字化、数字产业化为发展主线，以数字技术与农业农村经济深度融合为主攻方向，通过建设基础数据资源体系、加快农业农村生产经营和管理服务数字化改造、推动政府信息系统和公共数据互联开发共享等方式，全面提升农业农村生产智能化、经营网络化和管理高效化。2020年7月，中央网信办等七部门联合印发《关于开展国家数字乡村试点工作的通知》，部署国家数字乡村试点工作并提出了开展数字乡村整体规划设计、完善乡村信息基础设施、探索乡村数字经济

[①] 董志勇，李大铭，李成明. 数字乡村建设赋能乡村振兴：关键问题与优化路径[J]. 行政管理改革，2022(6)：39-46.
[②] 中共中央国务院关于实施乡村振兴战略的意见[M]. 北京：人民出版社，2018.
[③] 于祥. 乡村振兴战略背景下农村居民点空间布局与优化研究[D]. 南宁：南宁师范大学，2020.

新业态、探索乡村数字治理新模式、完善"三农"信息服务体系、完善资源整合共享等具体内容。2021年7月，中央网信办等七部门联合印发了《数字乡村建设指南1.0》，进一步明确了数字乡村建设的总体框架和数字技术应用场景，我国数字乡村建设包括乡村数字经济、智慧绿色乡村、乡村网络文化、乡村数字治理、信息惠民服务等五大领域，包含了智慧农业、农村新业态、农业绿色生产、乡村网络文化、网上村务管理等21个子领域。

与此同时，各地区、各部门认真贯彻党中央、国务院关于数字乡村建设的决策部署，出台地方性的专项政策文件，如四川省抓住数字经济为乡村振兴赋能的新机遇，相继出台了《四川省"十四五"推进农业农村现代化规划》《四川省落实〈数字乡村发展战略纲要〉重点任务分工方案》等文件，其他还包括江苏省出台了《关于高质量推进数字乡村建设的实施意见》，浙江省公布了《浙江省数字乡村建设实施方案》，广东省制定了《广东数字农业农村发展行动计划（2020—2025）》，陕西省制定了《加快数字乡村发展三年行动计划（2020—2022年）》，河北省制定了《智慧农业示范建设专项行动计划（2020—2025年）》等。党中央的总体部署和地方的专项政策，使我国数字乡村建设发展的政策体系更加完善，政策的红利有利于形成统筹协调、整体推进、深化实施和由省市向村镇下沉渗透的工作格局[①]。2019年以来，全国性的数字乡村建设相关决策部署如表4-1所示。

表4-1 全国性数字乡村决策部署

序号	发布部门	决策部署	发布时间
1	中共中央、国务院	《关于坚持农业农村优先发展做好"三农"工作的若干意见》	2019年
2	科技部	《创新驱动乡村振兴发展专项规划（2018—2022年）》	2019年
3	农业农村部等	《国家质量兴农战略规划（2018—2022年）》	2019年
4	农业农村部	《2019年农业农村市场与信息化工作要点》	2019年
5	中共中央办公厅、国务院办公厅	《关于促进小农户和现代农业发展有机衔接的意见》	2019年
6	中共中央办公厅、国务院办公厅	《数字乡村发展战略纲要》	2019年
7	中央网信办等	《中国数字乡村发展报告（2019年）》	2019年

---

① 宋姝嫒，范国浩，王岩，等. 数字乡村发展态势、重点与路径[J]. 电子技术应用，2022，48（6）：19-22，27.

(续表)

序号	发布部门	决策部署	发布时间
8	农业农村部、中央网信办	《数字农业农村发展规划（2019—2025年）》	2020年
9	中共中央、国务院	《关于抓好"三农"领域重点工作确保如期实现全面小康的意见》	2020年
10	农业农村部等	《关于实施"互联网+"农产品出村进城工程的指导意见》	2020年
11	农业农村部	《2020年农业农村部网络安全和信息化工作要点》	2020年
12	中央网信办等	《2020年数字乡村发展工作要点》	2020年
13	农业农村部、国家发展改革委	《乡村振兴战略规划实施报告（2018—2019年）》	2020年
14	中央网信办、农业农村部等	《关于开展国家数字乡村试点工作的通知》	2020年
15	中央网信办、农业农村部等	《关于公布国家数字乡村试点地区名单的通知》	2020年
16	中央网信办	《中国数字乡村发展报告（2020年）》	2020年
17	中共中央、国务院	《关于全面推进乡村振兴加快农业农村现代化的意见》	2021年
18	中央网信办等	《数字乡村建设指南1.0》	2021年
19	农业农村部	《"十四五"全国农业农村科技发展规划》	2021年
20	中央网信办等	《数字乡村发展行动计划（2022—2025年）》	2022年
21	国务院	《"十四五"推进农业农村现代化规划》	2022年
22	中央网信办等	《2022年数字乡村发展工作要点》	2022年
23	中共中央、国务院	《乡村建设行动实施方案》	2022年

4.2.2 乡村基础设施数字化加速发展

我国乡村数字基础设施建设涉及数字基础设施普及和传统基础设施的数字化改造两个方面。数字基础设施建设包括宽带通信网、移动互联网、数字电视网等，主要实现全覆盖、高质量、低资费的信息网络普及。我国乡村数字设施建设步伐加快，乡村网络设施水平大幅提升，信息终端服务供给不断完善。工业和信息化部先后组织实施了6批电信普遍服务试点，支持13万个行政村通光纤和5万个4G基站建设，全国行政村通光纤和通4G比例均超过98%。截至2021年底，全国农村宽带用户总数已达1.58亿户，农村宽带接入用户占比29.4%（图4-1），农村广播节目综合人口覆盖率达99.26%，农村电视节目综合人口覆盖率达99.52%[①]。

---

① 资料来源：工业和信息化部，《2021年通信业统计公报》.

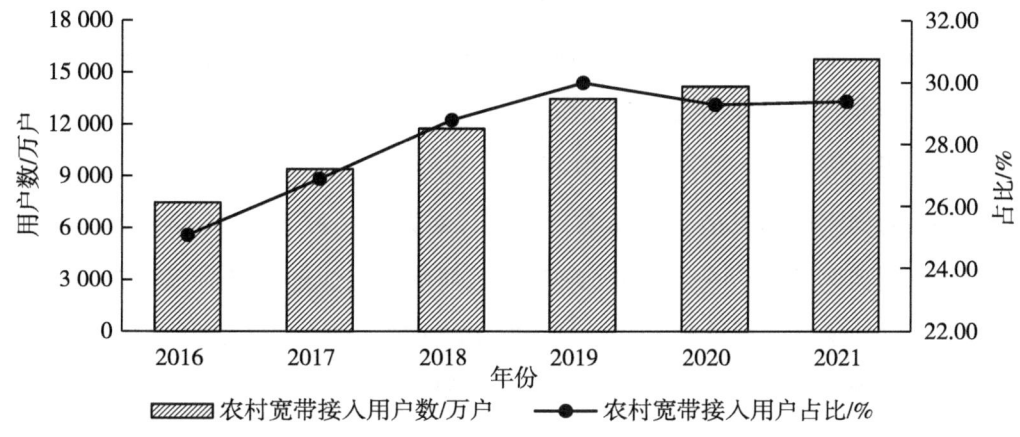

图 4-1　2016—2021 年农村宽带接入用户及占比情况

传统基础设施改造主要包括水利、交通、能源、电力、物流等传统基础设施的数字化改造，逐步实现智慧水利、智慧交通、智慧能源、智慧电力和智慧物流①。我国先后通过"三区三州"电网建设、农村电网改造等一系列攻坚任务提升乡村电网现代化水平，2020 年各省农村电网供电可靠率已超过 99.8%②，农村供电服务水平显著提升。为巩固脱贫攻坚成果、助力乡村振兴战略，2021 年进一步明确了实施农村电网巩固提升工程、东中西部农网协同发展、推动电网智能化转型、农民生活电气化、加强乡村供电所建设等共计 17 项重点任务③。对于水利网信水平的提升，近年来我国逐步构建了高速互联的水利信息网、天空地一体化的水利监测感知网、高效协同的水利业务应用体系和水利数据共享分析服务体系，完善了省级以上的水利网络安全防护。2019 年以来，制定和实施了水利大数据治理服务行动、水文监测能力提升行动等 10 项水利网信水平提升专项行动④，特别是完成了全国水利一张图建设，有效促进了全国水利信息资源整合共享，已接入信息采集点超过 43 万个、视频监视点超过 13 万个，接入省级水利部门 32 个，地级市覆盖率超过 99%、区县级覆盖率超过 90%⑤。在推进农村公路改造方面，截至 2021 年底，全国农村公路总里程达 446.6 万千米，农村公路铺装率、列养率、优良中等路率分别增加到

---

① 曾亿武，宋逸香，林夏珍，等. 中国数字乡村建设若干问题刍议 [J]. 中国农村经济，2021（4）：21-35.
② 资料来源：农业农村信息化专家咨询委员会，《中国数字乡村发展报告（2020）》.
③ 国家电网印发《关于巩固拓展脱贫攻坚成果助力乡村振兴的意见》[J]. 农村电工，2021，29（3）：3.
④ 资料来源：水利部，《水利网信水平提升三年行动方案（2019—2021 年）》.
⑤ 资料来源：农业农村信息化专家咨询委员会，《中国数字乡村发展报告（2020 年）》.

89.8%、99.5%和87.4%①，建成了全国农村公路基础属性和电子地图数据库，实现了农村公路基础设施的动态监管。在乡村智慧物流建设方面，重点解决农村地区物流信息不精准、信息基础设施建设滞后、专业人才短缺、运营市场不成熟、物流标准体系不完善等问题。我国从2020年开始深入实施"快递进村"全国试点工程，开展农村电商物流协同发展，推动农村物流体系建设，截至2021年6月，全国乡镇快递网点覆盖率已达98%以上②，东部地区基本实现快递服务直投到村，中、西部地区的到村快递服务通达率分别达到80%和60%，同时，推动智能信包箱、无人机标准的研究制定，打造了浙江安吉、江西赣州、江苏宿迁等无人机农村投递示范区，2021年智能快递箱投递率达到10%以上③，智能化服务水平不断提升。

4.2.3 数字技术快速渗入农业全过程

农业生产信息化是数字乡村建设的重点，也是农业农村信息化发展的难点，更是衡量农业现代化发展程度的重要指标。目前，云计算、大数据、物联网、人工智能等信息技术应用于农业生产、经营和管理，特别是在大田种植、园艺作业、畜禽养殖、水产养殖、农业设施等农业生产领域广泛应用，促进了新一代信息技术与种植业、畜牧业、渔业、种业、农机装备、农垦等深度融合。截至2020年，全国农业生产信息化水平为22.5%，其中，东部地区为25.7%、中部地区为30.8%、西部地区为19.6%④。

在信息技术与种植业融合发展方面，重点完成农情监测体系数字化、种植技术数字化和生产管理平台数字化。目前，我国正在逐步建成全国统一的农情信息监测与调度平台、农作物重大病虫害监测预警平台，支撑种植业全程精准管控，同时，完善省级的农情调度远程视频会商系统，实现基础监测数据传输共享和小麦、玉米、水稻等作物的田间定点数据分析。通过建立肥料登记网上审批系统、数字农药监管系统、高毒农药追溯系统等生产管理系统，加强种植生产全过程的肥料、农药

---

① 资料来源：中共中央宣传部，新时代加快建设交通强国的进展与成效发布会.
② 资料来源：中国互联网络信息中心，第48次《中国互联网络发展状况统计报告》.
③ 资料来源：中国产业经济信息网，国家邮政局. 2021年智能快递箱投递率已达到10%以上. http://www.cinic.org.cn/hy/wl/1236222.html.
④ 资料来源：农业农村部市场与信息化司，农业农村部信息中心，《2021全国县域农业农村信息化发展水平评价报告》.

精准管控，实现农业投入品安全追溯①。相关统计显示，2020年我国大田种植的信息化水平已达18.5%、设施栽培的信息化水平为23.5%，其中，棉花、小麦和稻谷生产的信息化水平较高，农机作业信息化技术、水肥药精准控制技术、"四情监测"技术、水肥一体化智能灌溉技术以及设施环境信息化监测技术得到广泛应用②。

在信息技术与种业融合发展方面，我国已建设完成国内首个作物育种云平台金种子云平台，并在多个农技推广中心、育种企业和科研单位推广应用，实现育种科研全程信息化管理。同时，通过建立种业大数据平台实现种业生产经营管理、品种管理、种情监测调度，形成了"种业通App"等一批种业多元化信息服务，对促进稳产、高产、节水、高抗、机收的种业产业高质量发展成效显著。在此过程中，全国种业数据的规范化、标准化得到提升和增强。

在信息技术与养殖业融合发展方面，逐步完善养殖场直联直报系统，提高畜牧兽医监管精准动态监测水平，实现信息横向互通、省部互联，建立了"掌上牧云App"等畜牧业监测预警平台和"数字奶业信息服务云平台"等养殖技术指导管理服务系统③。以渔业大数据为支撑，先后建成了渔船渔港动态监控管理平台、渔业生产大数据平台、渔业安全事故直报系统等信息化系统，推进渔业信息化和渔业安全生产、应急管理规范化。截至2020年，我国畜禽养殖信息化总体水平达到30.2%，其中家禽类行业达到32.9%、生猪产业达到31.9%。水产养殖信息化水平达到15.7%。

在信息技术与农机装备融合方面，不断加快农机装备的数字化，先后制定发布了设施环境监控设备、农机辅助加湿导航监控、畜禽养殖场巡检机器人、农机耕整地作物监测终端、农机播种作业监测终端等智能农机产品的鉴定大纲。加快智能农机装备推广应用，全国农业领域将北斗终端作为标准配置的农机企业已达45家，安装农机自动驾驶系统的农机装备超过10万台，安装农机定位、作业监测等远程运维终端超过45万台，全国接入国家精准农业综合数据服务平台的农机装备达到

---

① 资料来源：农业农村信息化专家咨询委员会，《中国数字乡村发展报告（2020年）》.
② 资料来源：农业农村部市场与信息化司，农业农村部信息中心，《2021全国县域农业农村信息化发展水平评价报告》.
③ 同注①.

25.8万台①。农机作业数字化服务平台稳步提升，2020年农业农村部开通了服务于地方农机化技术指导的"春耕农机线上服务站"，此外，"农机直通车"等全国性农机化信息服务平台和"滴滴农机"等地方性农机服务系统、手机App，已全面实现了面向小农户的代耕代种、一条龙、一站式"全程机械化+综合农事"的服务模式②。

4.2.4 数字技术催生乡村经济新业态

在深化制度机制创新、加快农业农村数字化转型过程中，我国通过数字技术嵌入乡村一二三产业各领域、各环节，融合发展电子商务、智慧旅游、创新创业等新业态，扩宽电商经营渠道，打造乡村旅游品牌，培养乡村创新人才，呈现出良好、规范、有序的乡村发展势头。2019年，我国出台了《关于实施"互联网+"农产品出村进城工程的指导意见》，开始部署"互联网+"农产品出村进城工程，并在全国110个县（市）试点实施，标志着我国进入了"互联网+"与农村三次产业深度融合发展的新格局。与此同时，我国逐步建立起适应农产品网络销售的供应链体系、运营服务体系和支撑保障体系，形成了政企协作、线上线下融合的农产品电商发展机制。根据相关统计，2020年，全国县域农产品网络零售额达到7 520.5亿元，占农产品销售总额的13.8%，电商服务站点行政村覆盖率达到78.9%③。特别是2020年新冠疫情以来，阿里、京东、拼多多、抖音等各大平台开辟了"助农直播间""移动菜篮子""无接触配送"等新的农产品网络营销途径，农产品电商更加多元化，出现了农超对接模式、产地直销模式、直播电商模式等创新电商业态④。我国乡村智慧旅游的建设内容，包括充分利用互联网和新媒体资源建立乡村旅游创新服务平台、推介乡村休闲旅游景点和精品线路⑤。2019年至今，我国先后分三批推出了全国乡村旅游重点村共1 199个，开展休闲农业和乡村旅游接待的村占比达10%以上，"乡村旅游"专门话题累计点击浏览超过1亿人次，在合理开发文化旅游资源、传承保护乡村文化、保障生态环境、完善乡村基础设施、优化乡村公共服

---

① 资料来源：中国卫星导航定位协会，《2021中国卫星导航与位置服务产业发展白皮书》.
② 资料来源：农业农村信息化专家咨询委员会，《中国数字乡村发展报告（2020年）》.
③ 资料来源：农业农村部市场与信息化司，农业农村部信息中心，《2021全国县域农业农村信息化发展水平评价报告》.
④ 依绍华. 我国乡村智慧物流发展的路径探索[J]. 价格理论与实践，2021（5）：24-27.
⑤ 农业农村部. 全国乡村产业发展规划（2020—2025年）[J]. 畜牧产业，2020（12）：6-16.

务、规范乡村旅游体制机制、带动乡村创业就业、促进乡村经济发展等方面效益明显。

4.2.5 乡村治理数字化水平明显提升

乡村治理是国家治理体系的重要组成部分，乡村治理数字化是利用现代信息技术实现乡村政治、经济、文化、社会、生态等领域治理机制、方式和手段的数字化改造。我国乡村治理数字化主要包括数字政务和智慧村务，数字政务是政府在公共服务和公共管理上依托互联网、物联网等技术实现教育、医疗、交通、邮政、生态环境保护、公共安全监管等重点领域和行业的数字化监管；智慧村务是基层数字化治理，如基层党建、村务公开、农村集体资产管理等的数字化应用①。我国在推进乡村治理数字化过程中，通过深化"互联网+政务服务"和"互联网+党建"建设，不断提升乡村治理效能和数字化管理。在乡村政务管理方面，《乡村振兴战略规划（2018—2022年）》中明确了推动乡镇级政务服务整合平台，加快"互联网+政务服务"向乡镇延伸，对面向规范村民的劳动就业、社会保险、社会救助、农用地审批、信息农村合作医疗、涉农补贴等服务实行"一窗受理"的一条龙服务、一站式办结。同时，建设和试点数字化"三资"智慧监管系统，实现对农村"三资"高效、科学管理。根据相关数据统计，2020年我国县域政务服务在线办事率达到66.4%，其中，社会保险业务、信息农村合作医疗业务、劳动就业业务等重要民生保障业务的在线办事率达到70%以上②。在乡村党务村务管理方面，"互联网+基层党建"的模式在全国范围内全面铺开，吉林、云南、甘肃、浙江、四川、湖南、江西等地区已建成了"新时代e支部""云岭先锋""乡村钉""为村"等一批党务、政务、服务的综合管理服务平台，探索出"党支部+合作社+电商"等发展模式③。2020年，全国应用信息技术实现行政村"三务"综合公开水平达到72.1%，其中党务公开水平达到73.1%、村务公开水平为72.8%、财务公开水平为70.5%④。

4.2.6 乡村信息服务与共享更加完善

信息服务是数字乡村建设的关键落脚点，现阶段我国乡村信息服务重点是乡

---

① 曾亿武，宋逸香，林夏珍，等. 中国数字乡村建设若干问题刍议[J]. 中国农村经济，2021（4）：21-35.
② 资料来源：农业农村部市场与信息化司，农业农村部信息中心，《2021全国县域农业农村信息化发展水平评价报告》.
③ 资料来源：农业农村信息化专家咨询委员会，《中国数字乡村发展报告（2020年）》.
④ 同②.

数据资源开发与管理，如推进重要农产品全产业链大数据建设、农田"一张图"建设、数字乡村"一张图"建设等大数据产业应用。我国在数字乡村发展过程中，不断建设和完善乡村信息服务体系，逐步形成乡村信息服务和信息共享全面触网、深度渗透、相互借力的较好局面。我国乡村信息服务体系逐步完善，信息进村入户已经取得显著成效。近年来，农业农村部深入推进信息进村入户工程，已有18个省份完成了信息进村入户。2021年底，全国累计建成运营益农信息社46万个，覆盖80%以上行政村，初步形成纵向联结从省到村，横向覆盖政府、农民、新型农业经营主体和各类企业的信息服务网络体系。同时，依托供销社、银行金融机构进一步完善惠农服务网络和金融信息网络。截至2020年，全国农业农村信息化管理服务机构覆盖率已达78.0%，农业农村信息化发展取得显著成效，为推进农业农村信息化快速发展、助力乡村全面振兴打下坚实基础。2022年5月，中央网信办等联合印发的《2022年数字乡村发展工作要点》中明确了加快建设智慧绿色乡村的重点任务，包括提升农村自然资源和生态环境监测水平、加强农村人居环境数字化治理①，通过数字技术的普及应用，提升农业绿色生产和乡村生态保护的信息化水平，促进乡村绿色可持续发展。我国对农村自然资源、生态环境的监测，主要包括农村区域空气质量监测、农村环境监测、农村饮用水源地水质监测、农田灌溉水质监测、农村生活污水处理设施出水水质监测、规模化养殖场监测等。截至2020年底，已建立全国农村地区空气质量监测点92个，设立国家级重点监控村庄500个②，认定国家级农业绿色发展先行区80个③。在加强农村人居环境数字化治理方面，完善了农村环境监测体系，通过"12369"热线、微信平台等方式，引导乡村居民参与人居环境网络监督，逐步建立起农村人居环境问题的在线受理机制，同时，持续加强了农村生活垃圾收运处置的信息管理和乡村水利的数字化监管。

4.3 数字乡村发展趋势

实施数字乡村战略是推动农业农村现代化发展和转型的必然要求，也是高质量

---

① 资料来源：中央网信办，《2022年数字乡村发展工作要点》.
② 资料来源：生态环境部，《2021年国家生态环境监测方案》.
③ 农业农村信息化专家咨询委员会，《中国数字乡村发展报告（2020年）》.

实现乡村振兴目标的策略选择①。随着信息化、网络化和数字化在农业农村发展中的广泛应用,数字乡村建设将为农业农村发展注入新动能,激发新活力,实现农业农村发展的动能转换、弯道超车②。因此,精准把握数字乡村的发展趋势,才能更好开创农业农村现代化发展新局面。当下,我国数字乡村建设从发展趋势来看,遵循从传统管理到数字治理、从平台建设到资源整合、从技术服务到赋能共享、从适度收益到长效发展的实践逻辑,并在数字农业、农村电商、农村新业态、农村网络文化、农村智慧环保、公共服务数字化等领域涌现出一批值得借鉴的实践案例。基于时代背景和实践基础,可以发现数字乡村建设发展具有以下趋势。

4.3.1 数字技术支撑农业产业发展全过程将逐步成为现实

我国在对数字农业探索的过程中,逐步将物联网、大数据、云计算、空间信息和智能装备等新一代信息技术应用到农业设备中,能够实现农业环境监测、数字遥控灌溉、数字遥控农药喷洒、精准养殖、智能化控制等功能,推动了农业生产全流程智能化的探索。农产品质量追溯体系实现农产品全生命周期的可控可查,农业电子商务的建设及完善推动了农业网络化经营;作物生产模拟、农业大数据智能处理与分析,区块链+农业、大数据认知分析等战略性前沿性技术,赋能农业产业智能化决策、管理及趋势预判。尽管现在农业产业链尚未完全打通,信息设备投入成本高,但随着农业生产规模的不断扩大,高新技术、设备的低代码、低成本化,数字技术支撑农业产业发展全过程将逐步成为现实。

4.3.2 直播带货将持续成为农村电商高速发展的主要渠道

农村电商是乡村振兴战略实施的加速器,更是实现数字化农村建设和缩小城乡差距的重要抓手③。2020年底农村网络销售量中99.7%是通过手机进行网络销售的,后疫情时代背景下,直播带货、网红带货、农民带货、平台团购等新模式在农村地区掀起了热潮,手机成为销售产品的"新农具",而手机直播则是"新农

---

① 沈费伟,叶温馨. 数字乡村建设:实现高质量乡村振兴的策略选择[J]. 南京农业大学学报(社会科学版),2021,21(5):41-53.
② 徐旭初. 略论数字乡村发展十大趋势[J]. 国家治理,2021(20):7-11.
③ 朱薇. 数字乡村视角下农村电子商务发展现状及趋势分析:基于2016—2020年全国县域农村电子商务数据[J]. 商业经济,2022(6):123-126.

活"①。直播简单易学，几乎零成本，场景感、体验感、真实感强，又与消费者的消费习惯高度契合，所以越来越多的农村通过这样的方式开展电子商务，为自家产品、为原生态风光、为家乡带货，并享受数字技术红利。

4.3.3　农村政务管理在线化和智能化将成趋势

大数据和云计算将在乡村治理中得到应用，乡村的生产生活、经济发展、地形地貌、气候变化、人口变革等各个方面的数据将得到大量积淀，从而助推政府实现对乡村环境发展、社会治安、灾害防治、疫情防控等多方面的实时掌控治理，乡村治理活力将会极大激活，在这一进程中，不断涌现出"村情通""乡村钉""为村"等乡村治理新模式、新手段。可以预见乡村治理数字化转型势必加快，农村政务管理在线化、智能化将成趋势。

---

① 朱家宝.乡村振兴战略背景下农村电商发展存在的问题及对策浅析［J］.中国集体经济，2020（23）：105-106.

第5章 国内数字乡村典型案例启示

5.1 智慧农业领域

5.1.1 浙江省浦江县

5.1.1.1 基本概况

浙江省浦江县利用数字技术打造浦江葡萄产业大脑——浦色萄香。作为浙江省首批"农业产业大脑"建设先行单位，浦江农业农村局以"葡萄产业"为试点产业，依托数据、算法、模型等数字技术打造浦江葡萄产业大脑——浦色萄香，以"产业大脑+超级农场"为核心，围绕葡萄全生命周期全流程管理，构建葡萄生产、市场流通、政府监管、葡农服务四大场景应用，赋能葡萄生产、流通、销售全环节。

5.1.1.2 主要做法

（1）浦江葡萄产业大脑以"数据+算法"为驱动，围绕葡萄全生命周期全流程管理，集成数据、算法、模型、知识图谱等能力，赋能葡萄生产、加工、贮运、销售全环节，实现业务全闭环、主体全上线、地图全覆盖、数据全贯通、服务全集成，推动浦江葡萄产业高质量发展。

（2）基于卫星遥感影像、土地利用规划、土壤地力分析数据融合分析，通过葡萄生产、葡萄流通、葡萄消费、葡萄预警、葡萄品牌、葡萄服务六大模块摸清葡萄产业底数，为浦江葡萄产业科学布局、规划提供数据依据，实现以图管农、以图兴农。

（3）在葡萄生产方面，"葡萄一根藤"通过搭建葡萄藤模型、虚拟葡萄园、葡萄采摘机器人，汇集葡萄生长环境监测、操作要点、病虫害防治等服务，结合农事AI专家，实现智能生产设施全自动智能控制，智能推送农事建议指导，提高葡萄品质，打造浦江精品葡萄。"葡农一键通"通过对葡农贷款、补贴申请、项目申报流程再造，同时整合相关生产资源、首创葡萄产品线上品牌管理，打造质量安全可追溯机制，引导农户增强生产安全意识，加强管理标准，帮助葡农种好、管好、卖好葡萄，实现浦江葡萄优质优价。

（4）构建集成"三品"认证（农产品无公害认证、绿色食品认证、农产品地理标志认证）的农产品数字化追溯体系，通过农产品"三品"认证，融入基地构建的农产品追溯体系，每串葡萄标准化生长过程中的各种信息，会形成一个基于"区块链"技术的专属二维码，用于品质追溯，实现葡萄品质从田园到餐桌的一码管控。使葡萄种植全生命周期可视可追溯，有效推动有机、高效、优质的农产品发展和宣传，用数字绿色防控保障公众的食品安全。

（5）搭建智慧农业云端管控系统。基于天地图对辖区内的地块、农企、产业信息、行业信息等搭建智慧农业云端管控系统，用户可通过不同维度对农业生产数据、产业数据、行业数据等进行检索和图表呈现，可以通过管理者、农作物、区域、时间等不同维度自由组合获取数据，以"一张图"的形式管理数字农场。

5.1.1.3 取得成效

（1）自从数字化种植管理技术在农场应用以来，人工成本降低了90%，农事失误率降低了90%，年均节约劳动力和农资等成本投入约30%。"超级农场"数字化系统的应用，加速基地乃至浦江葡萄产业生产模式向标准化、规模化转型，为葡萄种植户创造出全新的发展业态。

（2）浦江"超级农场"试点园区里，通过一部手机或一台电脑，就可以实时监测与掌握土壤、光照、空气等生长要素，使用"农事AI专家"功能，还能实现一键通风、保温、补光、消毒杀菌、灌溉施肥等智能控制。"超级农场"种出的葡萄会进行AI测产，并按照标准分级，贴上生产追溯二维码。精品种植、智能测产、智能分级等数字化管控，给种植户带来了实实在在的好处。2022年，浦江县葡萄种植设施化率达到99%，数字化率为85%以上。葡萄品种结构从单一到30多个品种，采摘期延长至3个月。全县葡萄总产值增加至13.42亿元。在"非粮化"整治总面积减少3 000多亩（1亩≈667平方米，全书同）的情况下，仍同比增长10.6%，户均收入超13万元，成为数字赋能助推共同富裕的典型案例。

5.1.2 内蒙古自治区扎赉特旗

5.1.2.1 基本概况

扎赉特旗国家级现代农业产业园于2017年9月正式获准创建，并于2018年12

月通过农业农村部和财政部认定挂牌,是内蒙古自治区第一家国家级现代农业产业园,也是获得全国认定的 20 家现代农业产业园中面积最大的一个,产业园覆盖了 2 个乡镇 33 个行政村。扎赉特旗累计投资 15.5 亿元,建成 10 万亩智慧农业示范区,利用产业园奖补资金 4 548 万元,建成集"智慧大脑、智慧农场、农业专业实验室、溯源体系"于一体的数字农业农村科技服务中心,指导农业信息化经营,提升数字化应用水平。

5.1.2.2 主要做法

(1) 科学技术帮助建设农业信息发展新高地。在国家农机购置补贴政策和园区培育新型经营主体购机奖补政策的帮助下,园区购买了总价值 200 万元的植保无人机、水稻收割机、1804 拖拉机等设备。同时,园区基地配备了北斗自动导航、溯源视频监控、谷物测产智能装备、精准喷药、虫情测报等 1 000 套田间各类智能感知设备,通过"物联网+"智慧农业云服务平台这一产业园管理"大脑",运用大数据、云服务和人工智能等信息技术给传统农业赋能,实现了土壤墒情、虫情、水位、气象、视频等物联网数据实时监测并进行智能控制。产业园智慧农业示范区在好力保镇古庙、五道河子、巨宝、乌鸦站、巴岱 5 个村有 16 万亩核心示范区,截至 2020 年 6 月,10 万亩农田共配备了 600 套田间各类感知设备,农业示范区已转型成为智慧农场。智能设备将收集观测到的数据回传到产业园"物联网+"智慧农业科技服务中心,将整个智慧农业示范区,包括扎赉特旗全旗的农业大数据都汇集在这里,经过分析处理后发出指令。九大系统平台直接管控 10 万亩智慧农场,千余套田间信息采集、视频监控终端实现科学决策,百余套农机智能装备实现精准作业,逐步替代传统耕种模式。

(2) 创新园区建设模式,建立利益联结机制。园区开启了稻鱼、稻鸭、稻虾、稻蟹等"稻田+"生态立体式农业共养模式,以及"我在扎赉特有一亩田"私人定制认领活动。不仅提高了水稻有机化程度,还有效减少了化肥、农药的危害,同时实现了水稻纯绿色生产,提高了稻米生产的附加值,满足了人们对有机水稻的需求。园区采用"合作社+农户+龙头企业"模式,以内蒙古裕丰粮油食品有限公司和谱赛科(江西)生物技术有限公司为依托,采取农民入股和返租倒包的方式,进行统一经营,走订单农业和智慧农业之路。园区建立了资金互助型的裕丰"助贷"模式,形成了"产业园管理中心+担保机构+人民银行+商业银行"的良好合作机制,充分发挥金融资本放大和政策叠加效应。园区积极推行金融互助和期货增值等利益分配模式,在企业、合作社、农民之间建立了一条稳定的资金链,快速推动产业链发展,形成了多方共赢的利益链。

(3) 大力发展"互联网+"。园区生产的 50 余种农产品进驻淘宝、京东和北京新发地农产品电子交易中心等电商平台,农畜产品电子商务年交易总额达到 20 亿元,同时建立了"我在扎赉特有一亩田"电商推介平台,认购者可以实现 24 小时视频监控,随时查阅档案,坐在家里收到包邮的定制农产品,形成了带动农民增收致富的新产业、新业态。

5.1.2.3 取得成效

(1) 研究团队针对当地经济发展的薄弱环节,定制开发"掌上产业园"App,实现了发布实时农牧信息、地方扶持政策、标准化生产操作规程、规范订单合同范本等功能,并在产业园区域内设置多个现场示范教学点,推进农业标准化、规范化生产。建设了水肥一体化智能灌溉系统,实现灌溉水高效利用。同时,全面开展测土配方施肥,建立土壤养分地图,指导农户科学施肥,肥料利用率达到 42%以上,并集成应用病虫害绿色防控及农产品质量安全溯源系统,保障了生产流通全程食品质量安全。

(2) 打造数字化乡村旅游项目,利用虚拟现实/增强现实(VR/AR)等技术将产业园旅游项目数字化,并搬到互联网上,实现乡村云旅游,并配合地方特色"插秧节""草原之旅自行车赛""丰收节"等线下活动,将农区变成景区、田园变成公园,形成"旅游+农业观光""旅游+农产品销售""旅游+农耕体验"等多种农旅融合模式。产业园每年接待游客达到 20 万人次,通过带动就业、收入分红等方式形成农民增收致富的新业态。

(3) 产业园通过"智慧大脑"九大系统平台直接管控 10 万亩智慧农场,千余套田间信息采集系统、视频监控终端、虫情测报系统、无人机遥感系统实现空天地一体化农情信息收集,通过大数据技术支持科学决策。此外,还有百余套农机智能装备可利用北斗卫星实现精准作业。截至 2020 年 6 月,产业园农业科技进步贡献率已达 70%,直接受益人口超过 8 万人。

5.1.3 江苏省常熟市

5.1.3.1 基本概况

常熟"智慧三农"农业地理信息应用平台是基于常熟"智慧农业""124+N"

整体架构，借助航拍和卫星遥感等技术手段，对全市农业用地及存在种植养殖行为的非农用地进行适宜的最小单元划分编码，持续归集各类地块属性。深度挖掘数据价值，完成全市 229 个行政村（涉农社区）的涉农资源采集工作，围绕资源保护、产业发展、生态农业、科技装备等主题归集上图 78 张专题图层。围绕全市"一张底图、共享联动、指挥调度"的管理与服务新格局，对接全市各类农业信息资源，逐步形成多源、多尺度的涉农数据归集上图。厘清全市农业资源数据，逐步梳理出涉及 11 类 219 项的标准规范，为农作物生产布局、水稻生态补偿、轮作休耕、作业收获管理等提供精准服务，同时通过数据动态分析，为全市农业指挥调度提供辅助决策依据。

5.1.3.2 主要做法

（1）借助高清卫星遥感、飞机航拍影像，对常熟市所有涉农用地进行适宜的单元划分编码，精准到田埂级别。经过逐年更新完善，共划分形成地块 34 万余个，涉及图斑面积 79.35 万亩。

（2）对已划分的地块按照"12+5"的村级行政区划结合顺序号模式对地块进行资源编码，作为信息主要载体，赋予其面积、土地分类、两区划定、高标准农田等基础属性。同时，建立村级网格采集机制，动态归集种植养殖现状、土地流转发包、设施农业分布等业务数据。依托资源编码，有效强化数据规范管理，便于后续信息录入及维护更新，实现涉农信息的有效管护。

（3）将采集数据中的农业经营主体身份证号码或统一社会信用代码作为唯一主键，从各业务系统持续归集全市涉农主体的相关行为信息，结合地块属性数据，逐步实现对地、物、人、事的统筹联动，提升数据的关联性和时效性。

（4）系统共计归集基础图层 3 张、影像图层 6 张、专题图层 78 张。图层内容包含镇村行政区划、农业地块种植养殖属性、高标准农田（池塘）建设规划等。通过图层可视化、交叠图层等功能，挖掘图层间相互关系，快速统筹各类信息，为业务工作开展提供方向及数据支撑。

（5）以资源编码为基础，延伸开发出全面记录生产、加工、仓储等行为数据的食用农产品电子合格证、汇集涉农主体土地承包、种植养殖、投入品使用等行为信息的经营主体档案。构建"一码一证一档案"模式，拓展农产品质量安全监管、综合移动执法、农药信息管理等业务应用。

（6）数据同步对接至"虞政通"智慧三农精准治理小程序，优化数据采集更新流程，可通过移动端实现对地块现场的检查、填报、拍照上传等，保障农业信息更新便捷有效。对数据指标进行统计分析，以主题数据和业务专题囊括农业农村产业产值、农村经济、现代种植等各方面，灵活数据调度。实现手机端、电脑端农业一张图功能同步使用，并结合长江禁渔、安全监管等工作，分批次逐步接入各类监控视频，提供移动端实时视频查看等服务。

5.1.3.3 取得成效

农田地理信息应用依托"互联网+"模式，着眼数据赋能发展，有效实现资源的集约化利用，优化产业结构，加大监管力度。加速传统农业生产模式转变，将采集到的农作物信息辅以投入品使用管控，减少盲目施肥所致土壤生态环境的不良影响。建立全程可追溯、互联共享的农产品追溯监管应用，强化投入品把控，保障食品安全。加强全市农作物种植情况掌控，有利于农业结构平衡发展，助力农作物增产增收。

5.2 乡村治理与公共服务数字化领域

5.2.1 北京市通州区

5.2.1.1 基本概况

通州区位于北京市东南部，京杭大运河北端。近几年，通州区结合城市副中心发展，加快城乡融合步伐，坚持"智慧"与"特色"深度融合，协同推进智慧乡村建设。利用数字化推动乡村生活圈建设，通过建设有线电视云平台、室外LED大屏等基础设施，从农村信息化基础设施、农业生产经营、乡村治理、疫情防控等板块，提升村民生产生活便利性。

5.2.1.2 主要做法

（1）电视平台接入生活圈。通州区通过与歌华有线通州分公司合作，基于歌华有线高清电视云平台的资源优势，开创性地开发了村内专属"生活圈"，上线政务、民生、教育、健康、文化等大量信息内容，为村民提供丰富而有特色的智能服务，"智慧乡村"生活圈依靠高清交互机顶盒接入智慧党务、三务公开、便民服务、通知资讯、娱乐生活、经典影片、健康生活、科普天地等一系列独特板块，贴近村民生活的同时使农村公共服务更加多元化。

（2）电视平台形成党建和政务组织新模式。通过歌华有线高清电视云平台，将党员组织活动延伸到了电视端。此外，利用此平台还开拓了村政务服务的新窗口，可以让村民了解到村委会都在做什么、已经做了哪些工作，需要村民配合做什么等信息，极大提升了村基层组织的号召力和影响力。村民还可通过生活圈"调查问卷"板块向村委会反馈信息、意见或建议，通过后台的信息汇总，村委会第一时间总结民众需要、汇聚民智，村委会和村民通过生活圈这个纽带和桥梁，共建美好家园。

（3）定制板块推动乡村文化宣传。通过歌华有线高清电视云平台，突出各村独特的亮点，每村都设置了生活圈特色版块。如宋庄小堡村是国家文化创意产业重点村，文化旅游产业为本村特色，生活圈版块里突出设计了"艺墅美苑"，供本村村民与外来游客了解村情风貌。张家湾镇皇木厂村地处京杭大运河的最北端，曾经著名的"漕运码头"就坐落于此，本村生活圈的"大运河文化"版块，就展示了皇木厂村特有的运河历史文化。而仇庄村提倡的"孝道文化"则在生活圈中引领了新农村文化建设的新风尚。自2017年，宋庄镇小堡村、西赵村，西集镇大沙务村、大灰店村，于家务乡仇庄村，张家湾镇皇木厂村，潞城镇肖庄村共7个村开通了电视生活圈。

5.2.1.3 取得成效

（1）数字化推动乡村公共服务新模式。通过数字化平台，通州各村生活圈共发布信息近2 000条，结合北京市各街道、社区进行的智慧社区建设工作，"歌华生活圈"实现了社区居民"吃、住、行、游、购、娱、健"生活七大要素的网络化服务目标。平台设有7个板块，邻里互动、就医挂号、在线教育等功能，让社区居民足不出户就能挂上号，节省排队时间；"一刻钟服务圈"中的"在线订饭"功能，深受居民的欢迎，大家可以更方便、快捷地享受到周边的美食。

（2）数字化促进"智慧社区管理"。基于歌华云平台，搭建能够融合智能家居的开放平台，研发和推广家庭安防等业务。结合基于视频检测的人脸识别技术，运用大数据综合运算能力，实现综合数据联动，在社区安全稳定、环境监督等方面，弥补社区管理中信息盲区与管理盲点，实现社区综合信息共享、工作互动、无缝对接，加快社区管理工作由被动向主动、由静态向动态、由粗放向精细、由无序向规范转变。

(3）数字化推进乡村文化建设。歌华有线升级改造了歌华有线数字文化社区和益民书屋服务平台，提供一站式基层公共文化服务，依托高清双向网络优势及网格化服务人员优势，盘活社区文化服务空间，打造首都基层公共文化服务样板工程。

5.2.2 浙江省桐乡市

5.2.2.1 基本概况

为提升基层社会治理水平，2015年11月，浙江省桐乡市乌镇成立镇域综合信息指挥室，运用"互联网+"思维，实时监控社会治安状况，分析研判社会治安形势，对突发事件实施指挥调度。2017年3月，综合信息指挥室升级为乌镇管家联动中心，构建"1+4+N"体系，即一个中心、四个平台和N个部门，打造反应迅速、多方联动、防控有效的综合信息指挥联动中心。2019年10月，再次升级成为"云享乌镇"运营中心，打造"一张图、四专题、五系统、百应用"框架体系，实现各部门信息共享、互联互动，不断提升镇域智慧管理服务水平。

5.2.2.2 主要做法

（1）"乌镇管家"治理体系初步取得成效。"乌镇管家联动中心"作为乌镇社会治理的"神经中枢"，以"乌镇管家"为代表的自治组织走出了探索基层治理的新路径。"乌镇管家"由党员、三小组长、志愿者组成，发挥人熟、地熟、情况熟的特点，通过"管家工作站""乌镇民情"公众号、"微嘉园""线下收集+线上报送""三治融合积分管理"等多种渠道，广泛收集上报各类涉恐信息、安全隐患和民生问题等，积极参与垃圾分类、交通劝导、文明宣传、矛盾调解等，充分发挥民智民力，激发基层"三治融合"意识，注入"智治"动能，让互联网这个"最大变量"成为促进基层社会治理现代化的"最大增量"，赋能"数字乡村"建设。自建成以来，全镇共有乌镇管家超4 000名，管理小组31个，工作站108个，实现了横向到边，竖向到底，不留盲区的工作格局。

（2）平台数据对接共享，提升治理智能化水平。"云享乌镇"运营中心，依托大数据分析，运用物联网技术，通过与多个平台系统数据的对接共享，有力推动了乌镇城镇治理体系和治理能力现代化、数字化、智能化，实现了城镇管理由被动应对到实时监测感知、快速预警、主动预防、精细管理的转变，不断提升社会治理智能化水平。

（3）数字新基建形成精细化治理基础。乌镇镇域内统筹推进智慧安防、智慧交通、智慧消防等应用建设，集成路灯、窨井盖、消防栓、烟感等物联设备，由"乌镇管家联动中心"统一调度管理，可实时显示和监测各项数据，有效提升乡村数字基础设施建设水平，为乌镇精准化、精细化治理提供基础。近年来，镇域已设立超 5 000 个 Wi-Fi 点位，实现免费 Wi-Fi 大范围覆盖。建成 5G 基站 48 个，安装智慧窨井盖 52 个、智慧消防栓 62 个、智慧烟感 159 116 套、治安监控 3 000 余个。

5.2.2.3 取得成效

（1）数字化推动基层"三治融合"。乌镇镇充分利用"乌镇民情"、"浙里调"小程序、ODR 线上矛盾化解平台等科技手段，构建"互联网+矛盾纠纷多元化解"新模式。"乌镇管家"调解员运用乌镇民情公众号处理矛盾纠纷或苗头隐患，并支持现场开展调解工作。村民还可通过该平台反映问题、在线议事、获知最新政策和招工信息。此外，平台还有"微嘉园"积分活动，每日登录平台、上报事件、建言献策均可加分，凭积分可到村委会换取牙膏、洗衣液等生活用品，亦可以兑换平安保险、合作医疗补助、文化礼堂租借、家宴费用减免等社会服务。平台投入应用以来，全体村民形成相互监督、自我管理的良好风气。如在横港村，智能垃圾分类站特别吸睛。通过人脸识别、图像识别等 AI 技术，自动识别村民们对垃圾分类是否正确。智能垃圾分类站还会与村民的个人信息进行绑定，村民们每次投放垃圾，都会在微嘉园电子积分卡上登记，记录村民垃圾分类数据，达到一定积分后予以奖励，而分类错误达到一定次数，"乌镇管家"还会上门进行宣传教育。利用"乌镇管家"，大幅提升了当地治理效能，通过云治理平台上报信息，平台接收后进行信息筛选，分类派送职能部门或智能终端处理。如乌镇镇陈庄村"乌镇管家"队伍志愿开展巡河服务，通过配备搭载有传感器的"白天鹅"，24 小时监测河道水环境，并上传至云端，通过可视化平台显示实时数据、历史浓度变化并进行水质数据分析，在发生指标异常时，无人船可自动启动巡河模式对污染源进行追踪溯源。

（2）数据共享实现乡村养老智能化。建立乌镇智慧养老综合信息平台，运用智能物联健康信息系统，可以实现智能家居照护、SOS 跌倒呼叫与报警定位、网络医院预约挂号及网上会诊等功能。乌镇利用线上线下系统，把各村社散居的老人"网"连在了一起，建起了一个没有围墙的养老院，形成了综合、立体、以居家养老服务为主导的智慧化社会养老服务体系。此外，乌镇还建立了全国首家互联网医院，开启了"互联网+"医疗的全新模式探索，开创了在线诊疗、电子病历共享、电子处方等改革举措的先河，患者通过网络视频即可完成诊疗的过程。

5.2.3 福建省漳州市长泰区

5.2.3.1 基本概况

福建省作为"数字中国"建设工程的实践起点，抢占信息化战略制高点，早在 2000 年就作出了建设"数字福建"的重要决策。福建省漳州市长泰区坂里乡以"数字坂里"网格服务管理云平台及各村（社区）网格微信公众号为载体，创新推出"网格化管理+数字化支撑"的乡村治理新模式，精准动态掌握"格情"，下沉一线纾解民困，确保"小事不出村、大事不出乡"。目前全乡信访事项及时受理率、按期答复率、群众满意率、一次性办结率均为 100%，重复信访、到省上访、进京上访均为零，信访维稳形势持续平稳向好。

5.2.3.2 主要做法

（1）聚力科技赋能，实现智能安防管控。长泰区坂里乡通过把全乡主要道路和村庄重要路口架设的 132 个高清视频监控，纳入乡村两级综治（网格）中心管理，实现辖区视频监控网格全覆盖。"数字坂里"云平台的视频监控功能，能有效实现对重点人员的跟踪管理。

（2）坚持网格化管理，提升治理水平。长泰区坂里乡全乡以村民小组为单位划分单元网格，由小组长担任单元网格员，群众通过公众号直接反映问题、表达诉求，提高了参政议政的积极性。村级网格员及时解决相应事项，实现小事不出村；同时将无法解决的事项上传到乡综治中心"数字坂里"云平台，专职干部分析、研判、审核后，将任务即时派发给分管领导限时办理，实现大事不出乡；针对乡、村两级没有办法解决的问题，分门别类、梳理汇总，通过乡综治中心网格平台统一上报区综治中心，由区综治中心牵头协调相关单位共同解决。

（3）建立法律在线咨询平台，提高群众法律意识。在"数字坂里"云平台的"乡村治理"模块中，设置"法律咨询""普法课堂"等栏目，打通群众学法、懂法、普法、用法"最后一米"问题，提高广大群众法治意识。在乡村综治中心设立心理疏导室，与闽南师范大学建立共建协议，引入专业心理咨询师，加强心理干预和疏导，有针对性地做好特殊人群的人文关怀，努力从源头上避免因矛盾突出、生活失意、心态失衡等因素导致信访案件发生。

5.2.3.3 取得成效

（1）"数字化+网格化"形成高效乡村治理模式。长泰区坂里乡把各村（居）开通的网格服务微信公众号纳入社会治理体系范畴，与"数字坂里"云平台相辅相成，打造"数字化+网格化"乡村治理模式，形成了覆盖乡村组、功能齐全、工作协调的乡村治理体系，为解决群众最急最忧最盼的紧迫问题创造了更加便捷、高效的条件。

（2）数字化助力乡村矛盾纠纷化解。坂里乡坚持"小事不出村、大事不出乡"的底线，把有效化解群众矛盾纠纷放在信访工作的重要位置，充分发挥村级网格"直通车"服务以及乡级"数字坂里"云平台"压舱石"作用，当前，全乡信访事项及时受理率100%，按期答复率100%，群众满意率100%，一次性办结率100%，重复信访率为零，全乡信访形势持续平稳向好，为经济社会高质量发展营造了安定稳定的社会环境。

5.2.4 河北省巨鹿县

5.2.4.1 基本概况

巨鹿县位于河北省邢台市中部，辖10个乡（镇）、291个行政村，常住人口34.6万人，总面积631平方千米。近年来，巨鹿县开发应用"巨好办"数字乡村综合治理平台，推行全域覆盖网格化治理，建立全流程、闭环式、智能化问题处置机制，创设"三体系、五办理、四精准、四畅通"乡村治理模式，在共建、共治、共享中实现乡村治理提标、服务群众提质、工作落实提效、产业发展提速，创新了"互联网+政务服务"向基层延伸的模式路径。

5.2.4.2 主要做法

（1）创新治理体系，夯实全域数字治理基础。建立一体化治理体系。成立集网格治理、督导调度、协调联动于一体的县级调度指挥中心，建立部门治理、乡镇治理二级平台，打造全地域、全领域的数据共享、传输、反馈一站式服务。建立网格化组织体系。将全县城区、农村划分为2 800个基础网格，每个网格安排一名综合网格员开展常态化排查，加强全域覆盖网格化治理，有效延伸乡村工作"触角"。建立规范化运行体系。实行事件上报、分类受理、响应制定、部门处置、结果反馈"五步作业"流程，根据紧急程度限时办结。同时，对乡（镇）部门诉求响应率、事项办结率、群众满意率进行动态排名，依据排名实施奖惩。

（2）健全服务与监督机制，形成多主体参与乡村治理格局。村级组织"主动办"。设置"帮我办"应用模块，特殊群体及在外群众将需办事项通过平台推送至所在村（社区）组织，基层组织根据群众的授权委托，积极协调解决。网格员"日常办"。发挥网格员"前沿哨"作用，网格员在街头巷尾、田间地头主动作为，按照发现问题隐患、了解群众诉求、提出意见建议的流程推动工作，并通过"立即办"应用模块一键上报、闭环处置。群众诉求"直接办"。群众通过"立即办"应用模块反映的问题，直接上传县调度指挥中心，24小时不间断接诉处置。便民事项"集中办"。设立"居民服务请点我"应用模块，推出家居维修、送餐代购、约车出行等服务事项，并将公积金、医保、社区居民登记等部门服务事项，以及水电、热力、物业及手机充值等缴费事项集中上线，方便群众生产、生活。全民共治"监督办"。设立"码上监督""我要建议""我要投诉"应用模块，鼓励群众行使监督权利，打造多主体参与乡村治理新格局。

（3）线上 App 激发乡村产业发展新活力。结合金银花、葡萄等特色农产品，打造"智慧农业"应用模块，建立农产品质量溯源体系，打造"一村一品"的特色产业"新高地"。畅通县内消费渠道。以村集体公司和本地龙头企业为"单元"，建设本地农特产品直采基地，上架至"巨好办"App 售卖。与阿里巴巴合作，引入专业营销团队，实现宣传精准推送、广告定向投放，确保县内销售畅通高效。畅通物流配送渠道。打造集快递收发、团购服务、便民服务于一体的电商综合服务站，设立"巨好办"应用模块，为群众免费提供快递代收业务，打通农村物流配送的"最后一公里"。畅通产品推介渠道。筛选品质优、销量好的产品进行达标认证，赋予地标产品，推荐上架到天猫平台"巨鹿原产地商品官方旗舰店"，销往全国各地，注入产业发展新活力。

5.2.4.3 取得成效

（1）网格化实现乡村治理高效化。"巨好办"平台上线以来，累计解决群众诉求 47 万余件，平均办结时间为 3~5 天，办结率为 96.6%，政务服务效率和群众满意度显著提升，信访量大幅下降，网络舆情连续两年全市最低，乡村治理衍生效应逐步显现。网格化治理更加高效。依托信息化平台，网格员排查信息更加方便，上报更加及时，政令传达落实得到提速。

（2）智能化促进乡村服务水平提升。将各类便民服务、缴费事项等集中上线，提供农村、社区兜底服务等,构建智能化、多元化、一站式服务模式,全域智能应用水平显著提高,大幅提升了群众生产、生活的便捷度和舒适度,进一步增强了县、乡、村协同治理服务能力。

(3) 乡村产业振兴成为乡村治理现代化的抓手。建立农产品溯源体系、创业交易平台,畅通物流配送渠道,推动乡村产业数字化;通过政府认证的信用质量体系,促进乡村产品质量提升,实现低成本、高品质、快销售,助力农民增收,带动村集体经济发展。

5.3 数字新业态与数字新基建领域

5.3.1 河南省鹤壁市淇县

5.3.1.1 基本概况

淇县总面积567平方千米,辖9个乡镇(街道)、162个行政村、21个社区居委会,总人口30.1万人。该县是豫北城市群和晋冀鲁豫4省13市经济协作区的中心,紧邻郑州、济南、石家庄、太原、天津、北京、西安、武汉等省会城市和直辖市,覆盖地区人口超过4亿人。庞大的市场消费群体和经济的快速发展,使淇县成为商品流通贸易之地,淇县电子商务具备巨大的发展空间。近年来,淇县坚持立足新发展阶段,贯彻新发展理念,以国家电子商务进农村综合示范提质增效为抓手,以建设县、乡、村三级快递物流共同配送体系为目标,推动电子商务与快递物流融合发展,促进脱贫攻坚与乡村振兴有效衔接,探索出了一条具有淇县特色的农村商业体系发展之路。

5.3.1.2 主要做法

(1) 强化支撑保障,推动县域商业由"无序"到"规范"。为了推动县域商业规范有序发展,淇县强化"三个引领"建设。一是组织引领。成立由县长任组长、18个部门和所有乡镇(街道)一把手为成员的县域商业体系建设领导小组,下设商业网络、现代物流、快递进村、电商直播4个工作专班,形成"1+4"工作机制,分工负责、分级管理、分类推进,形成齐抓共管的强大合力。二是政策引领。以"打造电商示范样板县,构建县域商业新格局"为目标,制定出台了《淇县农村商业体系建设工作方案》等一系列支持农村商贸流通方面的政策文件,为当地大力推进现代商贸物流发展提供了强有力的政策支撑。三是标准引领。由县政府牵头制定了《电子商务物流园区（基地）建设与经营服务规范》省级地方标准，于2020年10月通过河南省市场监管局批准并正式发布，为河南省电商物流业转型发展贡献了"淇县力量"。

（2）坚持优化升级，推动商业网络由"城市"到"农村"。坚持县、乡、村商业联动，加快推进农村商业连锁化、数字化、融合化发展。一是连锁化。在万村千乡市场工程基础上，鼓励农村"夫妻店"搭载电商快车，改造升级为新型连锁便利店。因地制宜为全县53个便利店提供供应链管理、门店升级、品牌合作等支持，设立美团优选等社区电商自提点，实现一点多能、一网多用。二是数字化。以改造乡村"农家店"为主要内容，建成县级电子商务公共服务中心、电商仓储配送中心、灵山5G电商直播基地、9个乡级电商服务站、152个村级电商服务点，不断拓展商业网点的网上代购、缴费充值、收发快件、普惠金融等服务功能，满足农村居民便利化消费需求。三是融合化。2021年5月，成功引进美团优选，合作建设占地5万平方米的美团优选河南中心仓，成为美团优选在全国打造的第一个县级"定制仓"。建成了"电商+乡村游"特色村13个、电商消费帮扶专区12个、美团优选电商自提点30个，有效拓展了电商网点服务功能，促进了商旅文融合发展。

（3）健全流通网络，推动快递物流由"分散"到"集中"。近年来，淇县按照"育主体、建体系、强末端"的发展思路，积极推进快递物流提速增效。一是龙头带动。全县共培育快递物流企业42家，其中国家4A级冷链物流企业5家，快递物流配送车辆6 300余台，年收发快递数量突破9 000万件，年货物吞吐量3 000万吨。二是体系支撑。依托县、乡、村三级电商服务体系，整合全县邮政、"三通一达"、万村千乡等各类资源，规划建设豫北首家大型电商智慧云仓，建成数据互联的县级快递统仓共配中心，5个乡级快递配送中心站和52个村级电商快递e站，形成"电商+快递+供应链"的发展模式。三是末端覆盖。深入推进"快递进村"工程，在鹤壁市率先启动"快商合作""快快合作"模式，合作建设村级电商快递e站，配置快递专用车辆和终端设备，确保乡村快递24小时内完成配送。

（4）创新共配模式，推动商业业态由"传统"到"现代"。为破解农村快递物流"最后一公里"难题，淇县积极探索快递统仓共配模式。一是产业融合。结合淇县本地农产品特色与优势，联合京东、拼多多、抖音等共同打造了"快递+鹌鹑蛋""快递+小麻花""快递+金甲鸡柳"3个"快递"特色产品，仅这3项每天的快递业务量已超过3万件,有力促进快递业与本地产业的融合发展。二是商圈配送。引进美团优选中心仓落户淇县,依托电商站点、万村千乡农家店、惠农服务点等载体,打造了一批村级美团优选电商自提点,借助美团优选本地商圈产品配送和末端共配优势,为电商站点创造了更多的盈利渠道。三是农产品上行。借助快递物流共配网络,打通了淇县农特产品"产、运、销"全链路,形成了以"朝歌印象"农产品电商公共品牌为引领,"朝歌山小米"等70多个区域特色品牌和"链多多"等32个企业知名品牌为支撑的产业体系,农特产品网销金额年均超10亿元。

5.3.1.3 取得成效

电商企业、基地和园区建设成效明显。淇县先后引进京东、苏宁、阿里、国美、一亩田等知名电商平台企业。京东豫北分拨中心、中蔫万家电商仓储配送基地、万村千乡农村电商配送中心、玖洲国际电商物流产业园、国美新零售豫北运营服务中心等一批电商物流园区(基地)投入运营。全县创建国家级电商示范企业1家、省级电商示范企业4家、市级电商示范企业/基地9家。县域电商体系更加健全。全县建设了覆盖县、乡、村三级的快递配送服务体系,农村商业体系建设取得了良好成效。建成县级电子商务公共服务中心1个,乡级服务站9个,村级服务点150多个。培育了"朝歌印象""金山银山"电商农特产品公共品牌。农村电商人才和产业得到发展。累计培训各类电商人员11 000多人次,带动农村电商就业人员2 100余人,开设各类网店500余家。全县电子商务交易额累计167.3亿元,其中网络零售额87.9亿元,农村电商产业不断壮大,电商扶贫已成为"富裕、厚重、和美"新淇县建设的新生力量。

5.3.2 浙江省宁波市慈溪市

5.3.2.1 基本概况

慈溪市位于浙江省东部,宁波市境北部。地处东海之滨,东离宁波60千米,北距上海148千米,西至杭州138千米,是长江三角洲经济圈南翼环杭州湾地区上海、杭州、宁波三大都市经济金三角的中心。慈溪市拥有丰富的农业资源,是全国重要的蔬菜、水果、花卉、水产品和畜禽产品生产基地之一。慈溪市的农产品品质优良,市场需求旺盛,但由于农产品的季节性、易腐性和储存条件的限制,农产品的流通和销售存在一定的困难和损失。慈溪市以国家农产品产地冷藏保鲜整县推进试点为契机,以数字化改革为手段,推出慈溪市共享冷库数字服务平台。该平台实现了产地冷库业务全穿透、主体全上线、地图全覆盖、风险全管控、服务全集成，有效打通农产品流通"最先一公里"。该经验做法已在浙江省 25 个县市区以及江苏、湖南等省推广，在全国农产品产地冷藏保鲜现场会作典型发言，并被 CCTV 新闻频道等央媒报道 30 余次。

5.3.2.2 主要做法

（1）聚焦大需求，找准小切口。对于农产品产地冷链物流，农户主要有四"盼"：一是盼望能建更多的冷库。慈溪果蔬种植面积 68 万余亩，年产量超 120 万吨，项目实施前，当地存量冷库仅有 37.2 万立方米，存在总量不足、分布不均和结构性失衡问题，只能满足实际需求的 25%左右。农户希望有更多的冷库设施来延长农产品保鲜期，实现错峰、错时和跨季销售，但因土地等要素制约，农户建设需求无法得到充分满足。二是盼望能提高已建冷库的利用率。慈溪产地冷库以农户自用为主，60%存在季节性空置，如杨梅集中在 5—6 月，葡萄、蜜梨集中在 6—10 月，西蓝花集中在 11—12 月到翌年 3—4 月，平均空置时间 6 个月以上。冷库长时间空置引起设备老化，造成资源浪费。三是盼望能及时便捷获取行业信息。慈溪果蔬种植主体数量多，如单体规模 10 亩以下的葡萄种植户超过万户，但小农户获取市场行情、政策信息能力弱。因不能及时了解市场行情，农户议价时处于劣势；因不能及时掌握政策信息，农户存在惠农政策的漏享风险。四是盼望好产品能卖出好价钱。由于好产品在市场上缺乏信用背书，按照标准化规程生产出的优质安全农产品辨识度不明显，优价很难实现。通过梳理分析农民群众的这些所需所盼，建好产地冷藏保鲜设施是刚性需求，高效用好设施并且延伸更多服务也是试点的应有之义。因此，慈溪市锁定冷链物流"小切口"，以数字化改革为手段，构建满足多元需求的"共享冷库"数字服务平台。

（2）构建大场景，集成好服务。慈溪市"共享冷库"数字服务平台紧紧围绕"好用易用、服务群众"理念，从政府牵引和主体参与"两端发力"，通过流程再造、组织重构、制度重塑，构建五大跨场景应用，提升便民综合服务能力。一是创新多元组织模式，构建"我享冷库"场景，推进冷链物流体系规模化、集约化、网络化发展。将慈溪市 50 立方米以上的规模冷库信息全部"上图入库"，并集成冷藏车、移动冷库等设施，绘就"慈溪冷链设施一张图"。开发手机端应用，结合智能电表数据，用电量分析判定冷库空闲情况，为冷库业主提供"一键共享"、便捷管理功能；为有冷库需求的农户提供"智能找库""地图找库""VR 看库"等功能，并实现一键导航、电话联络，及时找到合适的冷库。二是创新智慧产销模式，构建"我享交易"场景，提高农户科学生产、智能管理、专业营销水平。在产地仓储集散中心日常交易中，收购主体利用智能秤、智能平板等设备，通过扫码搜索、自动称重等方式，为农户提供快捷交易、实时结算和电子账单。产地市场的农产品品类、价格等数据，自动上传系统后台，通过加权分析，推送农产品价格行情信息，为农户调整生产结构、市场议价提供依据。三是创新优品评价模式，构建"我享检测"多跨场景，为农产品提供品质认证、品牌赋能、价值提升。水果的外在品相与内在甜度都是判定水果品质的关键因子，慈溪市在为农户提供预约检测、上门检测、快速检测的基础上，推广糖度无损实时检测服务，检测仪只需在水果表面停留几秒钟，就可以检测水果内部的糖度、干物质等指标。所有的检测数据均实时传输到农产品质量安全追溯系统后台，并自动生成农产品质量合格证书，一张小小的"证码标签"成为客观评判农产品成熟度、优质度的"信用名片"。四是创新高效运维模式，构建"我享预警"多跨场景，实现设施动态监测、精准除险、便捷维护。通过安装智能电表、温湿度传感、监控等设备，实时监测冷库的运行状态，一旦数据异常，就通过三色预警，提醒主体进行冷库检修。与冷链协会等社会组织协作，提供专业技术人员在线联络服务，一键下单，专业维修团队就能立即上门维修服务，切实减少在库农产品受损风险。五是创新政策服务模式，打造政策享受、服务查询、信息交流功能。汇集发改、财政、商务、市场、国土、农业农村等部门的惠农政策信息，实现一屏查询交流；搭建农资、种子等生产服务平台，实现网上购销服务；链接金融保险部门，实现一键投保服务；开发农业项目申报模块，实现项目申报、审批、验收等环节一网通办。

（3）实现大牵引，取得新进展。自 2020 年 7 月慈溪市"共享冷库"数字服务平台开发上线以来，已经数次迭代升级，冷库业务包括项目申报、审批、建设、验收、运维、共享、进出库、安全检测、价格采集、质量追溯等 10 项业务实现全面穿透；冷库业主和有冷库需求的农户全部注册上线，注册用户超 22 000 户；"冷库一张图"已覆盖浙江省 457 个共享冷库，共享库容 114 万立方米；项目建设的廉政风险、冷库运行的安全风险、出库产品的质量风险实现全面管控；共享服务、信息服务、管理服务、检测服务、安全服务、政务服务六大服务全面集成，在线点击率达到了 8.6 万次，网上办事 674 件，发布信息 8 000 余条。随着"共享冷库"应用推广，有效提升了冷库利用率，提高了信息透明度，简化了办事流程。

5.3.2.3 取得成效

（1）提升了项目实施绩效。通过"慈溪农产品冷库一张图"，清楚展示了实施农产品产地冷藏保鲜设施整县推进试点项目情况和冷库实时状态，有利于项目长效监管。利用"共享冷库"应用，项目建设的冷链设施从受益一家到带动一群，受益农户扩大到 2 万余户，提升了中央资金辐射覆盖面和实施绩效。

（2）提高农户抗灾能力。台风到来前，慈溪农户利用"共享冷库"数字服务平台，一键查找周边闲置冷库，将灾前抢收的葡萄、蜜梨等水果及时储存到冷库中，台风过后及时投放市场弥补市场空缺，水果价格上涨了 10%～20%，有效减少了台风灾害损失。

（3）推进增收致富。冷链项目实施后，通过错峰销售，农户种植的蜜梨收益同比上升 50% 以上，西蓝花收益实现翻番，农户笑谈"种植一年不如冷藏十天"。闲置冷库资源有效激活，库主赚租金，租户涨收益，户均增收超 5 000 元。优质农产品产销不愁，通过统一标准、统一包装、统一证码和冷链直配，销往全国各地。

（4）实现优资增效。共享冷库应用推广后，既为有冷藏需求的农户提供冷库共享的信息和渠道，也帮助闲置冷库主体提升冷库资源的利用率。根据供电部门提供的电量监测数据，共享冷库主体的冷库使用率平均增长 15% 以上，切实优化资源配置，发挥绿色减排作用。

（5）建立了跨部门跨行业的业务协同。"共享冷库一张图"充分整合了自然资源部门天地空底图数据、商务部门的冷链设施监管数据、供销部门购销数据、电力部门的用电数据等，实现了冷库状态精准监测和跨部门全方位监管。在项目实施中，农业农村部门协同电力部门落实用电优惠政策；协同自然资源部门落实用地保障；协同金融部门对接金融优惠；协同市场监管部门对接"浙食链"阳光监管，有效提升共享冷库应用实效。

5.3.3 辽宁省大连市长海县

5.3.3.1 基本概况

哈仙岛通过发展数字经济促进乡村旅游产业升级，实现良好效益。哈仙岛位于黄海北部，地处辽宁省大连市长海县。以"空气一流、海水一流、美食一流"而闻名东三省。岛长4.84千米,宽1.02千米,整体呈东西长,南北宽,形似元宝。该岛有陆地面积4.72平方千米,耕地面积42公顷,海岸线长14.3千米,属长海县第六大岛。哈仙岛作为中国最早一批迎接改革开放的旅游渔村,在1992年率先开放家庭旅游业,同时接受了电视台的采访并播放,成为最早的一批发展海岛旅游的村庄,达到了市级示范村标准,并获得大连市优胜园林式村庄称号。但是随着知名度的上升,大量投机商家涌入,以短期租赁房源等形式开办民宿生意,形成了一段时期的粗放式发展。但随着产业联盟的形成,以老字号渔家为招牌的乡村旅游渔家逐渐以良好的服务态度、公开透明的价格、成体系的宣传方式迅速获取哈仙岛上岛游客的民宿份额,此后哈仙岛的公开评价持续上升。

5.3.3.2 主要做法

(1) 以主打海岛旅游为特色的哈仙岛,正式开启以"全域场景+"为创新特色的数字经济新模式,"全域场景+"是指在海岛区域范围内,以民俗个性化为创新点来搭建改造核心场景,建设红色文旅场景、交互娱乐场景、海产体验式消费场景,同时赋能积分制使得游客在接触、意向、上岛、消费端叠加海岛智慧积分系统,在游客所使用的主流媒体平台叠加新媒体运营矩阵,促进用户在选择旅游景点时通过数字媒体平台了解到海鲜岛的新奇、探索、家庭团聚、身心疗养的优势,并在登岛旅游后以积分促进游客消费、分享,从而实现海岛经济与数字经济的双循环体系。乡村旅游的产业增长及农村第三产业的升级是以增加人流量与增加游客人均消费为前提。在数字经济视角下,通过降低获取客源成本、提高客源群体面积、创新游客消费价值链来提高人均消费。通过发展哈仙岛智慧平台,打破了传统旅游业口口相传、依赖线下广告的宣传壁垒,并通过线上多渠道的自媒体分发,促进获得游客成本的二次降低。

(2) 数字经济平台延长海岛海产产业链。农村数字产业化是数字经济与农村经济深度融合的关键。哈仙岛作为一个海岛渔村,通过数字经济平台——智能海岛平台赋能新型乡村旅游经济,以积分将娱乐、文旅、海产等场景串联,实现不同端口的积分互通,并通过下述新模式打造了数字经济海岛旅游全产业链。

(3) 数字经济平台促进增产增收。哈仙岛通过数字经济平台,将休闲渔业细分为海艇娱乐、近海观光滨海骑行、海上垂钓和海滨马拉松等互动模块。游客可按照智慧海岛平台任务逐一完成,获得指定积分,积分可兑换旅游周边和增值服务,完善游客交互式场景优质体验。其中为保障娱乐休闲，已投入观光快艇67艘、游艇3艘，累计投产1 500万元，实现年营收810万元，创造新型渔业就业岗位500个，游客通过做任务、分享游记到新媒体平台获得积分形式完成口碑宣传的闭环。

（4）数字经济平台实现个性旅居定制。哈仙岛通过数字经济平台，调研设计海岛民俗，输出多样化海岛主题定制民宿。民宿场景以海岛风情为核心主题，在装修定制、旅居服务、配套设施等方面进行特色改造；同时依据游客对民宿风格、价格、地理位置等特定需求，提供显示旅居游玩一体化定制服务，实现个性化旅居场景搭建。

（5）数字经济平台实现旅游资源共享。哈仙岛通过数字经济平台，打造红色旅游文化数字地图——海岛红色旅游路线。将海岛各游览点位串联，从红色文旅景点"黄海前哨"出发，结合"数字+线下"增值项目，深度发掘海岛特色休闲娱乐设施，促进游客消费升级。数字经济平台，基于岛内现有海鲜生产供销模式，让游客介入海产捕捞、加工及消费等流程环节。以海鲜采捕、初级产品加工、氛围感营销作为场景搭建的三大支点，构建一体化海产加工参与式供销场景。

（6）数字经济平台打造海岛社交话题圈。哈仙岛通过数字经济平台，打造高度社交分享话题属性的互动场景，大量游客通过分享趣味活动到朋友圈，提交上岛旅游意愿电子表单。使得哈仙岛在国内疫情环境下，在外省游客无法到达的限制下，得以提前锁定游客上岛旅游意愿，促使游客数量大幅度提升。

5.3.3.3　取得成效

哈仙岛通过依托自身的自然和资源优势，置身于辽宁省乃至全国经济发展的大格局中来寻求自己旅游村的定位，通过数字经济培育了海岛渔村特色乡村旅游经济，实现了海洋经济发展新目标，使过去旅游高峰期从2019年旅游旺季的30天，增长至90天，且旅客人数均达到民宿商家的承客量的饱和，并促使消费者人均消费由2015年的120元/天增长至2021年的340元/天。游客数量从2019年高峰期1万人增长至2021年的5万人，实现了5 000多位渔民的人均年收入超1.4万元，80%渔民实现转产就业的好成绩。

5.4　经验启示

5.4.1　以实际需求为牵引推动农业产业数字化建设

农业产业数字化建设是乡村数字经济建设的重点内容之一。不同地区应聚焦自身1~2个优势特色产业,仔细分析本地区优势特色产业全产业链发展现状、存在的问题,厘清优势特色产业在生产、流通、消费、预警、品牌、服务等方面数字化赋能的实际需求,以"平台+基地"为核心,以"数据+算法"为驱动,围绕优势特色产业全生命周期全流程管理,构建农业生产、市场流通、政府监管、惠农服务四大场景应用,数字赋能优势特色产业生产、流通、销售全环节。在建设过程中,应根据不同产业、不同品种的全生命周期、全流程的现实需求,有针对性地引入数字化技术、配置物联网设备设施、建设综合管理平台等,杜绝每个农业产业化数字化建设项目千篇一律。同时,宜依托省级现代农业产业园或特色产业集群建设为抓手,推进农业产业数字化提升。

5.4.2 以数字技术驱动乡村治理现代化和推动公共服务效能提升

在乡村治理方面,要积极探索乡村治理体系创新,全面夯实全域数字治理基础,健全服务与监督机制,形成多主体参与乡村治理格局,建立一体化治理体系。积极推广"数字化+网格化"的乡村治理模式,成立集网格治理、督导调度、协调联动于一体的县级调度指挥中心,建立部门治理、乡镇治理二级平台,打造全地域、全领域的数据共享、传输、反馈一站式服务。在乡村公共服务效能提升方面,要坚持以人为本,构建服务各类群体的惠民体系,加强推动乡村公共服务模式创新,通过建设数字化管理服务平台,打通不同部门不同领域的数据壁垒,围绕乡村居民"吃、住、行、医、学、业、游、购、娱"等方面,将服务覆盖居民生产生活各领域、各环节,构建智能化、多元化、一站式服务网络,促进乡村服务水平提升。

5.4.3 聚焦需求找准切入点培育乡村新产业新业态

现阶段数字乡村建设带来数字技术的普惠效应不断被释放,乡村数字经济建设迎来重大机遇,为新业态新模式发展提供了强大动力。要系统梳理"小农户"与"大市场"衔接的矛盾点和确切需求,坚持创新驱动,找准数字化技术的切入点,加快培育乡村新业态。继续深入实施"互联网+"农产品出村进城、"数商兴农"等工程,加快完善乡村物流体系,积极培育农产品电商品牌,推动农产品电商转型升级。加快培育乡村新业态,充分发挥数字化技术在新业态市场监管中的便捷作用,不断提高乡村新业态发展的规范化和标准化程度。

第6章 四川省数字乡村建设成效

6.1 建设成效

6.1.1 数字农业领域

6.1.1.1 数字农业试点示范

四川省积极开展全国数字农业试点建设。2018年成功申报成都市大邑县大田水稻种植和南充市嘉陵区生猪养殖数字农业2个试点；2019年成功申报三台县种猪养殖数字农业和苍溪县猕猴桃种植数字农业2个试点项目。除全国试点项目外，2019年，围绕"10+3"产业，分别支持资阳市安岳县开展柠檬数字农业试点建设、成都市崇州市开展水产养殖数字农业建设、雅安市雨城区和名山区开展茶叶种植数字农业建设、四川省原良种试验站开展种业数字化试点建设。2020年，在达州市通川区、德阳市广汉市开展"三农"大数据平台建设试点。四川省将"数字农业试点示范"为重点的农业农村信息化任务纳入对市（州）农业农村部门的绩效考核指标中，提出每个市（州）至少建设1个数字农业试点。成都市已建成温江区、邛崃市2个农业物联网基地示范县，建成邛崃微牧、温江惠美、蒲江联想佳沃猕猴桃、蒲江明月村、白沙Hi枇杷等一批农业物联网基地，涵盖粮油、蔬菜、生猪、家禽、水果和花卉等主导产业。绵阳市在安州、江油、三台、梓潼、盐亭5个县（市、区）开展大田种植、设施园艺、畜禽水产养殖等不同类型的农业物联网试验示范基地建设。

6.1.1.2 现代农业园区数字化

在省级层面，四川国家级农业产业园区、省级现代农业园区已基本具有单一性或综合性的信息平台，具备不同水平的电商交易能力。2019年，加大了对省级现代农业园区数字化方面的财政投入力度，重点对智能化、数字化、信息化等现代生产方式即设施设备建设开展"以奖代补"或"先建后补"。2022年四川省出台《四川省现代农业园区数字农业建设技术规范》，推动了现代农业园区数字农业规范化建设，保障现代农业园区数字农业发展工作的顺利推进。从市（州）层面看，部分市（州）农业园区信息化建设水平不断提升。绵阳市有农业产业园区101个，农业综合信息化水平达65%以上的有66个，达80%以上的有51个。雅安市名山区、汉源县和芦山县的现代生态农业示范园通过物联网、大数据、传感技术、自动化等多领域先进技术相结合，建立农业园区数字农业平台，使用LED大屏幕显示系统、电子沙盘、固定网络专线、可视化VR场景等为管理模块的综合化数字展示系统，扩展特色产业基地数据接入。

6.1.1.3 农业数字化管理平台

"十二五"末期，四川省级农业农村部门有各类信息化软件平台47个，2021年底整合为28个，主要涉及人事管理、电子政务、土地确权、农业机械、生产统计及价格监测、农产品质量安全及追溯、农药（兽药）管理、水产养殖等多个行业领域。四川省各市（州）也加快各类型平台建设，如成都市加快数据共享和系统整合，农村集体三资监管系统和农产品质量安全溯源系统，已经接入成都市智慧治理中心，农村承包经营权管理系统和股权信息管理系统，已接入成都网络理政中心。绵阳市推广益农信息社建设，完成覆盖全市80%以上的行政村和2 762个益农信息社；雅安市推进重要农产品质量和教学建设，建立农产品质量安全追溯平台和科教数字运用平台。全省不少县（市、区）根据自身实际情况，积极完善农业信息化建设，如温江区高标准建设"一平台六系统"智慧农业信息系统，建设集农业数据收集与分析、业务协同管理与决策、科技推广、资源共享、生产资料监管、质量追溯、农业抗灾应急指挥调度等功能于一体的系统功能，实现区（县）农业信息中心、镇（街）农业信息站、村（社区）农业信息点三级联动；邛崃市集成农业区域资源管理系统、乡镇农业信息化管理系统、农业智能预警系统、农业政务办公及党风廉政建设等功能系统，同时完善微博、微信、公众信息网、政务公开目录、生猪溯源等建设，与邛崃市云计算中心进行对接，初步构建邛崃市级农业信息化管理平台；蒲江县于2019年投入100多万元启动蒲江县农业综合服务平台项目建设；芦山县建立农业土地流转管理服务平台，成立农村土地流转管理服务中心（县级）和各乡镇农村土地流转服务中心（乡级）、行政村"农村土地流转管理服务工作站"的创新模式，有效完善农村土地流转市场。

6.1.1.4 企业数字化转型

农业整体附加值低,盈利薄弱,但部分企业仍主动作为,积极促进农业数字化转型。种植业方面,温江惠美花境公司集成高端农业自动化生产设备、环境状况动态监测系统、远程智能控制技术等,对智能大棚内的花卉种苗生产情况进行实时监控、数据分析和自动化生产。蒲江县依托佳沃农业、百绿天成农业、升悦农业等企业,建成覆盖猕猴桃、柑橘、茶叶基地物联网示范基地 5 万亩,开展数据监测、视频监控、自动化节水灌溉、农事管理记录等。四川生腾农业开发有限公司的智慧农业管理系统,可应用于 800 亩的葡萄种植,省水 60%~70%、省肥 30%~50%、增产 10%~30%。四川代代为本农业科技有限公司已完成 6 000 亩麦冬基地的环控设备和监控设备的安装调试,麦冬全产业链数字化管理平台已安装完成。畜禽养殖业方面,正大、新希望、天兆等大型龙头企业新建的生猪养殖场,已完全运用数字化管理,模式成熟,处于国内先进水平。三台县御咖食品有限公司建设的环境监控系统,可实现存栏 15 000 头种猪猪舍的环境监控和污水处理,每年可向市场提供 2 000 多吨有机颗粒肥成品,综合经济效益可达 2 000 万元/年。水产养殖业方面,通威集团投资 4 000 多万元建立信息管理系统,通过"通心粉社区"的信息化功能改变传统渔业信息传递的方式,截至 2018 年底,"通心粉社区"拥有 4 万多名"粉丝";通威集团还建立了"通威全农惠电子商务平台",已发展有效在线会员 6 万多个,日均订单量 300 单以上,年销售金额 1 700 多万元,产品达 1 500 多种。内江市成立西部首家水产电子商城——四川内江水产电子商城门户网站,基本实现成鱼、苗种、饲料、药物、渔业调水、渔用设备以及专家在线咨询、远程会诊、在线体检、物流服务、在线支付等功能。视频监控系统已在全省水产养殖户中推广应用,实现运用手机等终端对养殖场进行实时监控和管理。

6.1.2 数字治理领域

6.1.2.1 乡村自治数字化

四川省积极推进村民自治数字化改造,扎实开展"三务公开、线上议事、在线监督"工作,乡村自治数字化满意度水平得到显著提升。积极推动三务在线公开,建立完善了村(社区)党务、政务、财务电子公开台账。运用QQ、微信、农信通、乡村云广播等新媒体渠道,动态公布工作信息、便民服务内容及各类惠农政策。各地探索搭建了村民网上议事厅,围绕土地使用、公共设施、生态环境等事项,丰富在线议事内容，保证村民随时随地参与村级议事。成都市开全国之先河，对下辖3 000多个村（社区）的村民议事会的组织规则、成员权利义务等工作进行了规范，形成常态化的线上村民议事机制。建立"阳光村务"监督平台，在重点村试点建设"互联网+"阳光村务监督平台，开通阳光村务"在线访谈"。通过互联网平台让乡村治理中的"小微权力"成为可查询、可监督、可反馈的窗口。

6.1.2.2 乡村德治数字化

四川省整合县级广播电视、报刊、新媒体等资源建设各级融媒体中心，运用新媒体技术手段，直播、短视频、图解等新颖表达，形成了全媒体空间的正能量传播。依托乡村文化振兴十大行动，建立了地方特色文化专题数字资源库，开设了移风易俗、优秀农耕文化、重要农业文化遗产宣传专栏。以文明村、示范村创建为抓手，广泛开展"移风易俗""婚育新风进万家""村规民约红黑榜"等主题活动，在农村精神文明建设工作QQ群、微信公众号、微信小程序上搭建乡村德治管理模块，在线监督婚丧嫁娶、环境卫生、垃圾分类、文明习惯的养成。大力开展陋习整治行动。

6.1.2.3 乡村法治数字化

四川省乡村"雪亮工程""互联网+"法律服务体系、网络普法宣传等取得了诸多实效。"雪亮工程"行政村覆盖率达到85%，"慧眼工程"已经覆盖四川全省行政村及街道5.3万余个，初步形成"人防、物防、技防、心防"四位一体、"天网地网"齐头并进的立体化乡村治安防控体系。四川省司法行政公共法律服务平台与"12348四川法网"实现深度融合，形成全省标准统一、上下贯通的线上公共法律服务平台体系。借助"四川司法"微信平台、律师便民联系卡、法律顾问服务群等手段，通过采取"定时+预约"的形式，实现法治事务"掌上学""掌上问""掌上办"，提高了乡村法治数字使用率。积极探索网络普法宣传的新路径，创新探索利用普法App、VR/AR、普法游戏等手段，推动法治宣传在面上拓展，积极向乡村地区延伸。

6.1.2.4 乡村党建数字化

"四川组工网"纵向贯通21个市（州）和183个县（市、区）党委组织部，横向与省直相关单位的人事部门进行网络连接，实现全省党建工作的信息大流通和同脉共振。以"四川大数据组工"为总揽，不断丰富基层组织数据库，收集掌握基层队伍、基层组织、党务管理、组织生活等方面的基本信息，推动党建信息服务与工作决策更加精准。以数字化创新基层党员教育服务管理，广泛运用干部在线学习、远程教育网络、学习大数据、广播电视等方式，开展"互联网+干部培训"。运用党建微信群、易信群、QQ 群等载体，加强对乡村党员跟踪服务管理，切实破解党组织联系服务乡村党员"最后一公里"问题。

6.1.3 数字服务领域

6.1.3.1 数字教育服务

积极加强与网络运营企业战略合作，采取宽带连接、卫星通信等多形式、多层面持续推进宽带网络校校通。截至 2022 年，四川省中小学互联网接入和拥有多媒体教室的比例均达到 100%。创新构建"四川云教"新型远程教育教学模式，将省内各学段优质学校与民族地区、偏远薄弱地区的学校链接成为"全学段、多模式、高质量、广受益"的远程教育协作联盟。截至 2023 年 2 月，四川省共汇聚了 44 所优质主播学校，惠及甘孜藏族自治州（简称甘孜州）、阿坝藏族羌族自治州（简称阿坝州）、凉山彝族自治州（简称凉山州）等民族、偏远地区 1 600 余所薄弱学校，促进 3 万余名教师跟随省内优秀教师同步研修学习，43 万余名学生享受到省内优质教育资源。

6.1.3.2 医疗在线应用

自 2011 年起，四川省开始建设"互联网+医疗健康"的支撑体系、服务体系和监管体系，全面构建起"1249"远程会诊格局。全省已建成远程医疗协作网 287 个，三级医疗机构和 88 个贫困县覆盖率达 100%。截至 2022 年 6 月，全省已建成 206 家互联网医院，累计提供网络咨询 305.5 万人次、网络复诊 441.5 万人次，开具电子处方 451.5 万单。医疗机构信息化水平大幅提升，468 家医院被评为全省数字化医院，35 家医院被评为全省首批智慧医院。

6.1.3.3 社保线上服务

近年来，四川省积极推广人社在线公共服务平台、"四川人社"App、"川小保""四川 e 社保"等网上平台，引导乡村居民通过线上自主申报，足不出户就可以自主办理参保、关系转移、资格认证、社保卡申领、社保卡更换等业务，实现线上"不见面"服务。持续加强基层社会保障服务平台建设，以巩固拓展脱贫攻坚成果同乡村振兴有效衔接为目标，持续优化农村社保公共服务。巴中市平昌县人社局通过"建平台、优服务、强监督"三措并举,坚持每年从就业创业补贴资金中,按一定比例提取专项经费,用于镇、村(社区)劳动就业和社会保障服务平台建设,村(社区)服务平台标准化建设达标率达70%,其中就业扶贫示范村社保服务平台达标率达100%,基本实现了"参保登记、缴费领取、信息查询、待遇领取资格认证"四类业务不出村也可办理。

6.1.3.4 就业数字服务

成都市积极打造数字职业技能培训公共服务平台,推动云计算、大数据、移动智能终端等信息网络技术在职业技能培训领域的应用。成都市创新探索"互联网+职业技能培训"新模式,在全国率先打造了全新的数字职业技能培训公共服务平台"成都职业培训网络学院",并拓展至德阳、眉山、资阳三市,实现共享培训资源和招工信息。乐山市依托"乐山就业""乐就业"等微信公众号、平台,实现企业招聘需求直达乐山农村劳务合作社、农村劳务经纪人,促进供需两端精准匹配。为解决农民工外出务工交通问题,乐山市开通了"就业专车",实现"出家门、下车门、进厂门"。

6.1.3.5 文化数字服务

四川省将农家书屋、文化站、体育健身点、党员干部现代远程教育系统等整合到统一的平台"文化院坝"上,并引入"文化管家"实施管理,优化建设模式。眉山市丹棱县将民间众筹文化院坝作为乡村文化振兴的重要引擎和有效载体,积极引导社会力量参与民间众筹文化院坝建设,在开展的"百企联百院"活动中,企业自愿投资,100家企业结对帮扶,共建成民间众筹文化院坝100个。成都通过数字化、信息化、数据化等手段,有效汇集社会公共文化资源,形成覆盖城乡的"成都公共文化数字化服务管理"网络体系。资阳市图书馆创新推出微信公众平台服务,建成电子阅览室,为城乡居民提供70余万册的"电子书库",并完成广播"村村响"工程设备招标570个。

6.1.3.6 政务数字服务

四川省电子政务外网已连上国家电子政务外网中央节点,横向覆盖所有省直部门(单位),纵向联通市(州)、县(市、区)、乡(镇),并不断向村组(社)延伸,全省接入部门(单位)超过1.5万个,一体化政务服务体系初步形成。已建成省、市两级政务信息资源共享交换体系和公共数据开放网站,政务信息资源整合共享初见成效。截至 2020 年底，共编制资源目录 52 542 项、挂接资源 16 973 项、提供查询核验 1 873.68 万余次、库表交换 49.93 亿余条。"天府通办"一体化政务服务平台全面建成，平台覆盖 49 个省直部门，贯通省、市、县、乡、村五级政务服务建设运营体系，完成 40 个省级自建业务系统和 46 个国垂系统对接，国（省）平台便民应用总数突破 6 000 个。"天府通办"拥有 13 类服务清单，实现了 20 个部门 64 个专用业务系统的对接融合。围绕社会保障、教育卫生、交通出行、劳动就业、企业开办等群众关切热点，在已有 132 项应用的基础上，继续推进电费查询、健康服务、交通出行、婚育收养等 150 余项应用接入"天府通办"[①]。截至 2020 年底，四川省"最多跑一次"事项占比 99.83%，全程网办事项占比 83.2%。群众需求强烈的交通运输、住房和城乡建设事项，分别有 94%、89% 的事项可实现省级全程网办。

6.1.4 数字新基建领域

6.1.4.1 信息基础设施

5G 组网建设全面启动，截至"十三五"期末，四川省共建成 5G 基站超 3.6 万个，全国排名第六、西部排名第一，实现全省 21 个市（州）和所有县（市、区）5G 网络覆盖，成都主城区实现全覆盖，区域中心城市主城区基本实现连续覆盖，全省 5G 网络建设由示范引领迈入规模部署新阶段。四川省持续推进宽带网络光纤化升级，建设超高速宽带接入网络，推进千兆宽带进住宅小区、商务楼宇，全面推进四川"全光城市"建设，提升综合信息服务能力。"十三五"期末，四川省固定互联网宽带接入端口达 6 284.7 万个，全国排名第四、西部排名第一，其中光纤到户端口占比近 98%，全国排名第四。4G 基站数达 29.5 万个，全国排名第六、西部排名第一。全省互联互通水平不断提升，互联网省际出口带宽 30.8Tbps，位列全国前列。国家级互联网骨干直联点持续扩容，成都国家级互联网骨干直联点网间互联带宽 770Gbps，成都国际直达数据专用通道为 40Gbps。骨干网络外向服务能力持续优化提升，充分满足数据中心跨地域资源调度和互访需求。持续加强电子政务内外网、政务云平台等政府信息化基础设施建设，完善省、市、县、乡、村五级互联互通的基础网络体系。推动全省政务数据、公共数据、社会数据汇聚融合，为各

---

① 资料来源：四川省大数据产业联合会，《2020 年四川省大数据产业白皮书》.

地各部门（单位）管理、服务、决策提供数据支撑。支持城市公共设施、建筑、电网等领域的物联网应用和智能化改造，推进数字城管与智慧社区融合发展。强化数字在政务、市场监管、生态环保、食品安全监管、公共区域监测监控、公共安全等领域的应用。建设"互联网+监管"平台，通过大数据提升事中事后监管规范化、精准化和智能化水平[①]。

6.1.4.2 益农信息社

自实施信息进村入户工程以来，四川省按照"政府主导、企业主体、先建后补、市场化运营、可持续发展"的总体要求，以优化公益服务基础平台为依托，村级益农信息社建设为重点，搭建现代农业综合信息服务网络体系，不断强化信息进村入户公益服务的核心地位，力争将益农信息社建设成为信息惠民、信息便民、信息富民的民生工程。

2018年，四川省如期建成37 002个益农信息社，惠及85%的行政村。2020年经撤乡并镇"前半篇"改革，行政区划改革调整后的行政村个数减至27 290个，正常运营的益农信息社26 593个，其中标准站9 785个、专业站9 324个、简易站7 484个，行政村覆盖率达97.4%。2020年联合运营商打造标杆社300个、示范社200个、五星社100个，发挥引领示范和带动作用。

截至2021年底，行政区划改革调整后的行政村个数减至24 138个，四川省再次对益农信息社开展摸底统计，运营状况良好的益农信息社有21 209个，行政村覆盖率达87.9%。2021年开展直播55场，直播人气271.39万人次，独立访客量49.71万次，其中益农助农直播9场，销售量0.86万份，销售额18.9万元。通过益农平台销售农产品总计8 092万元，其中益农社一村一品交易总计59.61万元；电商集市销售总计3.96万元；家电下乡销售总计6 293.3万元，成交量共计140 036笔。2021年四川省先试先行，安排专项资金支持绵竹市、资中县、汉源县开展益农信息社提档升级试点，评定示范社50个、标杆社30个、五星社20个，着力探索益农信息社自我造血的市场化运营机制，切实做优、做强益农信息社。

结合乡村振兴战略、数字乡村建设工作，瞄准农村市场、农民需求，补齐益农功能短板，围绕党务、政务、事务、商务、金融和便民创新服务方式，充分利用现

---

① 资料来源：四川省通信管理局，《四川省信息通信行业发展规划》（2021—2025）.

有服务平台和体系，增强益农信息社服务能力。2021年，四川益农平台网页、公众号、App三端总访问量为572.53万次，独立访问人数40.4万人，人均访问时长2分钟。益农服务网村级信息发布量共计22 546条，完成内容精编发布量共计1 086条。通过益农平台共开展1 865场农民工招工活动，覆盖全省14个市州，线上面试305人，单场会销聚集人数15~30人。

积极探索"政府+运营商+服务商"三位一体的推进机制，引入第三合作方，搭建"1+1+N"运营服务体系，逐步聚集整合专业合作社、社会化服务、家庭农场及烘干冷链物流等农业产业链、供应链各类信息服务资源，形成多方配合、上下联动、共建共用的创新服务机制，共同推进益农信息社持续运营落地落实。2021年引导工行金融入驻益农信息社建成4个联合点位，其中绵竹市2个、汉源县1个、芦山县1个，后续将引入社保缴费、小额提现、小额贷款、生猪保险、ETC办理等金融类服务，为益农信息社持续运营提供保障。

6.1.5 数字新业态领域

6.1.5.1 农村电商

自2007年"淘宝网"兴起后，四川省陆续出台了若干办法方案，通过聚焦服务体系、品牌打造、精准扶贫、市场运营等方面全面推动农村电商持续健康发展。截至2020年创建国家级电子商务进农村综合示范县17个，新增量和总量均居全国首位，成功争取了112个综合示范县项目，总量和2020年新增量均居全国第一；基本形成了以乡镇、村级电商服务站点作为基础，县域电商公共服务中心作为引擎，县、乡、村三级物流快递作为支撑和保障的现代化农村流通服务体系；2020年全省农村网络零售额实现1 452.67亿元，同比增长19.1%，较全国高出3.24个百分点，较2019年同期提升0.17个百分点，在全省整体网络零售中占比24.7%，农村电商进入规模化专业化发展阶段。2020年四川省实现农产品网络零售额427.0亿元，位居全国前列。四川省农产品网络零售占比也高达13.5%，全国排名前十。通过电子商务进农村综合示范县项目带动，认定"三品一标"农产品5 357个，数量居全国前列、西部第一，成功创建"雅江松茸""青神竹编""汶川甜樱桃""小金苹果""青城山老腊肉"等一大批农产品品牌，培育农产品网销特色品牌422个。

6.1.5.2 智慧乡村旅游

四川省积极推进"互联网+"智慧旅游试点示范工作建设，已打造出以智慧九寨为典型的 20 多个智慧景区。2020 年以来,四川省又启动了"全景看四川"线上游、"智游天府"文化和旅游公共服务平台以及"云游四川"线上推广等项目,开展智慧化示范推广,引导乡村旅游示范县、美丽休闲乡村等开展在线经营,推广经营新模式。智慧乡村旅游产业基础逐渐壮大,全省农旅智慧景区应用信息化技术的水平较高。充分运用互联网优势,政企联动,策划整合推广休闲农业与乡村旅游营销活动。截至 2021 年 12 月,四川省文化和旅游厅官方微博粉丝已达 140 余万人,视频累计播放量超 6 000 万次;连续举办五届全球旅游网络营运商合作交流会,搭建旅游企业和境内外 OTA 交流合作平台,有力助推四川在线旅游行业的发展。四川省休闲农业协会主办的麦味网拥有四川上千家休闲农庄、家庭农场资源,并与数百个景点合作,开发了数百条特色乡村旅游线路。

6.1.5.3 共享农庄

共享农庄依托互联网平台,植入现代管理理念,精准对接市场消费需求,形成以住宿、旅游和特色产品分享为核心的乡村消费新场景,打造完整的产业链条,构建以游客为中心的商业闭环,不仅有效盘活乡村闲置资源,还带动当地人群稳定就业、持续增收。2018 年,途远与成都新津达成战略合作,以中国天府农博园为载体,在新津植入"互联网+分享经济"模式,打造农商文旅体科融合发展的"集趣·共享农庄"项目,探索出乡村振兴、扶贫奔康的新模式、新方法。截至 2019 年 9 月,在"集趣·共享农庄"中已建成 26 栋民宿,接待游客参观入住 2.5 万余次,带动发展民居 16 家,发展特色餐饮 10 家,依托途礼平台,建设韭菜产业基地 200 亩,实现年销售 1 000 万元。小金县将当地苹果资源优势转化为产业优势,把小农庄做成大产业,打造了集旅游观光、餐饮购物、创意农业、农事体验、产品销售等要素于一体的"共享农庄"农旅发展模式,近五年小金县的共享农庄实现收益近 900 万元,其中村集体与农户实现分红收益近 300 万元,带动沃日镇 1 100 户群众就地就业和增收。2020 年,除了每年 1.2 万元/亩标准的土地保底收益外,村集体通过股权分配获益超 10 万元,农户人均分红 40 元。

6.2 典型案例

6.2.1 大邑县

6.2.1.1 基本概况

近年来,四川省成都市大邑县努力构建以县级为基础,市级为示范,省级、国家级为引领的"四级联创"现代农业园区体系,形成了主导产业优势突出、设施装备先进、生产方式绿色、生产要素集聚、产业高度融合、联农带农紧密的省五星级现代农业产业园区。大邑县紧紧抓住国家发展数字农业试点改革县、国家数字乡村试点建设县的发展机遇,深入实施数字乡村战略,高位推进数字技术与农业农村各环节各领域的深度融合,搭建数字农业服务平台和监管平台,率先探索现代粮油生产经营数字化改造,创新数字技术赋能现代农业园区新模式,走出一条大邑特色的数字农业发展之路。

6.2.1.2 主要做法

(1)搭建"一平台六中心",强化园区数字化基础。依托国家大田数字农业试点项目和数字乡村试点县建设,搭建"润地数字农业服务平台",建立信息管控、教育培训、配肥配药、农机调配、金融保险、应用展示"六中心",推进数字技术在粮油现代农业园区农业生产管理、社会化服务、金融服务、市场销售、安全追溯5个关键环节融合应用。

(2)构建"四大"体系,强化园区数字化支撑。一是初步形成了大邑数字农业农村框架体系。依托国家大田数字农业试点项目,建立了空天地一体化的物联网测控系统和数字农业农村资源数据采集与预警体系,全面提升政府管理农业效能。二是构建了数字农业推广的支撑体系。以"政府引导、市场运作、企业主体"的建设模式,搭建"润地吉时雨数字农业服务平台"(简称"吉时雨"平台),建立集信息管控、教育培训、农资集配、农机调配、金融保险、应用展示于一体的数字农业服务中心,创新构建"平台+中心+农场"的数字农业应用模式,建成150个数字农场,着力破解了数字技术落地难的问题。三是建立数字农业应用的人才支撑体系。坚持"引育结合",引进博士3人、硕士12人,组建智慧农业创新创业团队、粮油丰产增效科技创新研究与推广团队,为园区数字化建设提供有力人才支撑,实施数字农业农村"培优工程",拓展新型职业农民培育范畴,提升农户现代化的生产经营能力,促进各类经营主体与现代农业有效衔接。

(3)创建"四大"场景,强化园区数字化应用。一是突出生产环节精准高效,创新数字农业管理场景。以"吉时雨"平台为基础,构建"天空地"一体化农业生产感知系统,科学设置"耕地识别、作物识别、环境监测、适种分析、灾害预警、产量预测、精准生产和价格预测模型"八大功能,园区内经营主体和农户通过手机远程掌握农作物空间分布、水肥状况、长势与产量及病虫害情况，实现农业生产方式由粗放型向集约型转变。二是突出服务环节节本增效，创建数字农业运营场景。通过"吉时雨"平台汇集整合农机作业、农资购买配送、农业生产托管、粮食烘干加工及农产品销售等产业链上下游优质资源，通过搭建农业生产全生命周期服务体系，构建"农场主+农业龙头企业+农产品电商运营者+金融机构"利益联结机制，为农场主提供农业企业低价优质的农事服务、银行等金融机构高效便利的结算服务以及农产品电商的网络渠道销售服务。三是突出融资环节简便快捷，创建数字农业金融场景。通过"吉时雨"平台与中国农业银行、成都农商银行等金融机构签订合作协议，开通全程在线办理种植贷款验证评估业务，搭建数字农业金融平台为融资、保险、物流等活动提供授信，为经营主体和农户提供比普通资金借贷和农资赊销更高效、便捷、优惠的融资服务，有效解决了金融服务"三农""最后一公里"的问题。四是突出园区社会化服务数字化改造，创建在线化服务场景。通过"吉时雨"服务平台，探索数字技术赋能农业生产社会化服务，形成线上"农服模式"。

6.2.1.3 取得成效

在大邑县粮油现代农业园区，近500户粮食种植大户都用上了数字化种田，数字赋能粮油"耕、种、防、收、销、管"覆盖面积20余万亩，农田资源实现了"一张图"24小时监管，建成了数字农业综合服务平台、150个数字农场和四川省首个"无人农场"，园区内农药化肥污染程度降低10%，粮油生产效率提高10%以上，劳动力用工减少30%以上，水资源利用率提高30%以上，肥料利用率提高15%以上。真正实现了大田生产过程信息化、精准化、智能化。依托大邑智慧农业产业园数字农民大讲堂，累计培训、培育数字农业示范龙头企业、数字农民专业合作社、数字社会化服务主体3 000余人次，实现54家硬盘育供秧、植保、烘干等社会化服务主体，30多名农技、信息化专家等在线提供技术支持，解决科技服务农业"最后一公里"难题。

6.2.2 青神县

6.2.2.1 基本概况

青神县柑橘现代农业园区跨一镇一乡，辖区面积29平方千米，核心区产业面积18.67平方千米，建有产业环线100千米，景观化道路36千米，建成西南地区最大山地轨道运输系统。园区坚持以数字化为引领，建成移动传输网络基站、水肥一体化智能灌溉和高效节水灌溉系统等，奋力为全省"10+3"农业产业体系建设贡献青神力量。

6.2.2.2 主要做法

（1）应用智慧果园系统，助力青神柑橘智能化发展。与四川省农业科学院合作，研发智慧果园系统，并在青神建立首个应用基地。一是建立地形地貌监测系统。按地形地貌、土壤条件，把园区分为10个区块，在每个区块因需安置气象站、土壤墒情站、虫情测报仪、物联网杀虫灯、高清摄像机等，实现对果园生产环境的智能感知、智能分析、智能预警、智能决策等，覆盖农户3 000余户。二是建立果品溯源系统。将园区40余户农业新型经营主体纳入该系统进行管理，实现对柑橘生产、流通等环节监管和追溯。三是建立专家指导系统。根据柑橘生长的不同时期，邀请知名柑橘专家到现场授课并进行生产技术指导，同时将视频上传到云平台，更广泛地服务园区果农。

（2）探索农业气象试验，夯实青神柑橘数字化基础。与气象部门合作，建立眉山市晚熟柑橘气象试验示范基地，建成气象条件控制实验室、品质产量研究实验室、灾害风险防控实验室等，配备土壤水分仪、恒温控制箱、小气候站等仪器设备，开展发育期生理观测、不同坡度坡向及海拔高度小气候观测、农业气象指标验证试验等8个试验课题，为柑橘产业数字化发展提供数据支撑。

（3）推广农资市场数字化管理，助力青神柑橘绿色发展。一是搭建农药线上监管平台。对园区农药销售商构建农药销售、押金回收、押金管理监管平台，通过销售扫码、在线登记等方式，实时收集农药销售、押金管理等数据，实现可回溯监管。二是搭建线上逆向物流监控平台。依靠销售端大数据分析，实现对农药等农资品的逆向监控。出台《青神县农药包装废弃物回收处置工作实施方案》，每年设立专项经费50万元。推行"押金制"，园区设置农药包装废弃物回收点16个，根据不低于药品价值10%且不低于1元的比例收取包装废弃物交回押金。三是搭建废弃物线上综合监管平台。平台向PC端和手机端软件推送数据信息，实现农药包装清运、扎带识别等功能，及时反馈清运数据。推行"有偿制"废弃物回收，对园区农资经营店和种植大户、合作社等按照0.25元/千克有偿回收。

6.2.2.3 取得成效

通过智慧果园系统发布冻害、高温预警 50 余次，邀请知名柑橘专家到现场授课并进行生产技术指导 20 余次，解答果农种植问题 240 余条（次），研发形成避草栽培、生草栽培等绿色防控技术，每亩降低农药使用量 20%以上。通过农药线上监管平台，严格执行"12 分制"农资管理办法和扣分细则，升级淘汰园区农药经销店铺 9 家，处罚经营户 2 家。农资市场数字化管理，累计无害化处置农药包装废弃物 1.5 吨，回收处置率达 87%。园区农产品质量安全合格率达 100%，擦亮"青神椪柑"金字招牌，实现绿色生态价值转换。

6.2.3 广安区

6.2.3.1 基本概况

广安区龙安柚现代农业园区核心产业基地 7.47 平方千米，是中国特色农产品（龙安柚）优势区、国家地理标志产品保护示范区、四川省五星级现代农业园区。近年来，广安区着力推进管护端、服务端、加工端、销售端"四端数字化"，加快建设数字化现代农业园区。

6.2.3.2 主要做法

（1）推进管护端数字化。一是全覆盖立体监测。配置环境监测、气象服务、虫情测报等监测设备 100 余台（套），实时监测墒情、虫情、苗情等信息，实现龙安柚生长环节全覆盖立体化监测。二是全天候处理数据。建成大数据平台 1 个，实时收集数据、分析数据、处理数据，实现专家远程诊断、技术人员现场指导、业主标准化管理。三是智能化操作应用。建成智能水肥一体化示范基地 8 000 亩，配备植保无人机 10 台，实现一键终端控制、精准灌溉施肥。

（2）推进服务端数字化。一是配建智能科研大棚。与中国农业科学院柑桔研究所合作建成龙安柚科研大棚，通过区块试验、数据监测、系统分析等，优化完善龙安柚数字农业生产建模，制定高品质龙安柚生产技术规程。二是组建科技服务"智囊团"。建设中国农业科学院柑桔研究所科技服务"智囊团"与本地技术人员数字化交流平台，适时探讨果树管护、病虫害防治等经验技术。三是线上开展技术培训。依托中国农业科学院柑桔研究所技术指导服务资源，开设云讲堂，建立线上技术指导。

（3）推进加工端数字化。一是加强产品研发。与四川省农业科学院、四川农业大学等科研院所合作，成立龙安柚商品化处理研发中心，开发龙安柚精深加工新产品。二是创新加工技术。依托科研技术团队，通过数据共享、自主创新，制定了包含龙安柚加工工艺、生产规程及设备选型等内容的加工流程，研究出龙安柚脱苦脱麻技术。三是引进智能化加工设备。建成龙安柚削皮、榨汁、饮料生产等智能化加工生产线8条，配备智能设施设备50余台（件），实现生产全过程智能控制。

（4）推进销售端数字化。一是多媒体开展宣传推介。龙安柚专题片在中央电视台宣传展播，龙安柚"健康的滋味"深入人心；连续7年举办龙安柚文化旅游节，通过云直播和轮番推送短视频等方式，不断扩大市场影响力和知名度。二是多平台拓展销售渠道。与淘宝、京东、拼多多等平台合作，建成龙安柚电商综合服务中心和11个"互联网+"电商平台。三是多维度分析流通数据。建立农产品流通大数据平台，为每一个龙安柚赋予唯一的二维码，实现龙安柚的生长过程和流通信息可追溯。同时，分析消费者所在区域、年龄结构层次、商品评价等信息，针对性改进营销方式和策略，提高龙安柚销量和消费者满意度。

6.2.3.3 取得成效

通过园区数字化管控，实现病虫害防治省力化、精准化，降低人工成本80%，节约农药成本35%。通过云讲堂，广安区1万余名种植户可远程与专家联系，享受便捷、及时、专业的技术服务。建成柚子榨汁、柚子精油及商品化处理等8条数字化生产线，开发出精油、果汁饮料、低糖蜜饯、柚果茶等8个深加工产品。2021年，龙安柚加工产值达1.5亿元。通过"互联网+"电商平台，实现龙安柚线上销售额达3 000余万元。

6.2.4 泸　县

6.2.4.1 基本概况

泸县太伏镇为提升基层协同治理效能，聚焦治理能力提升和公共服务效能提升，着力构建全域覆盖、全网整合、规范高效、常态运行的网格化管理服务体系，探索形成了以数字乡村交互式网络电视平台为依托，以慧眼监控、天翼对讲、卫星通信、乡村喇叭等应用为基础的一网多联"魔镜2.0"基础治理模式。

6.2.4.2 主要做法

（1）强化"一平台多应用"，推动乡村治理数字化。实现乡村治理智慧化，数据是支撑，泸县太伏镇充分借助现代信息技术力量，与中国电信泸州分公司合作，以中国电信数字乡村云平台为基础底座，关联电信已有的慧眼监控、天翼对讲、卫星通信、乡村喇叭等应用，强化数据集成建设。可及时掌握镇域内农房分布、农户信号等数据，一网实现太伏政府与全镇农户关联，把"人、地、物、事、组织"等全部纳入网格，对辖区网格实施精细化、可视化管理，重点标记独居老人、困难家庭等特殊群体，确保网格员信息清、底数明，实现信息快速定位查找，政策宣传及时到位、困难帮扶精准入户。

（2）聚焦"重点场景"，推动乡村治理信息化。以居住地相近的 10 户为单位，建立线上网格小组，如遇突发情形，平台生成告警信息，并通过电话/发送短信/手机 App 告警等手段通知关键人员。政府相关部门在重点监护人员院坝等位置安装"魔镜"慧眼，分析该户电信高清 ITV 机顶盒开机习惯，获取人员实时动态。在重点水域、重点防火区和重点地质区域安装"魔镜"慧眼，针对河岸非法捕捞、河流水位、区域消防、地质情况等进行实时监管，通过平台生成告警信息立即通知相关人员，迅速采取措施。

（3）构建数字乡村信息服务平台，提升治理能力。整合政务 ITV、魔镜慧眼、乡村广播、农民工平台、益农信息社、天虎云商等平台，提升"教育台+监控台+广播台+服务台"的数字化治理能力。通过电脑端发布信息，党员群众可通过电视、手机、广播了解政府当前政策、招工信息、农产品交易信息及农业科技知识，实现信息通知一键直达，一呼百应，一网多联，有效抓实党员教育管理，助推政务公开水平提升，精准化提供"三农"便民服务。

6.2.4.3 取得成效

一网多联"魔镜 2.0"真正实现了全域范围管控，实现与"村村响"和机顶盒一键报警系统的对接，构建起群众性治安防控、应急处突工程，有利于发动社会力量和广大群众共同参与治安防范、应急处突，提高乡村治理能力，让乡村社会变得便捷和智能。利用平台实现了疫情期间居家医学观测人员的精准管控，累计开展惠民政策、农业科技知识、禁毒防诈线上宣讲会 50 场（次）；录制广播 50 余条，覆盖所有网络电视用户和智能手机终端，有效提高了宣传覆盖面。

6.2.5 梓潼县

6.2.5.1 基本概况

针对各镇（乡）、村（社区）区域面积大、人口多的实际情况，梓潼县双板镇率先示范，全面实施"慧眼工程"，将其作为提升乡村数字治理水平的重要内容。采取"党政引导、企业参与、群众自愿"的方式，加快推动"慧眼工程"建设，让前沿科技助力乡村治理现代化，初步探索出依靠一个核心、创新"二三四"工作机制的新时代乡村治理新路径，即：党建引领、搭建智慧治理两级平台、三方共建共管共享、"慧眼工程"实现四化，以"慧眼"探路乡村治理现代化，展现出交通秩序大规范、市场容貌大改观、环境卫生大变样、社会治安大防控、群众观念大转变等新成效。

6.2.5.2 主要做法

（1）党建引领"慧眼工程"架起干群连心桥。以群众需求为导向，积极推进"慧眼工程"建设。镇党委着眼于农村基层治理工作的热点、难点、痛点，多次召开专题会议，收集社情民意，积极与中国电信梓潼分公司沟通协作，以现代智慧网络为载体，探索打造"慧眼工程+"治理平台，将科技与农村基层社会治理高度融合。同时，充分发挥党委的引领带动作用，依托新时代文明实践站，搭建"1+7+N"实践平台，成立"红色宣讲""文艺宣传""儿童关爱""文明推广"等志愿服务队伍，开展各类文明实践活动。建设智能惠民文化广场，通过LED大屏加强"党建+政策""惠民+宣讲""服务+新闻"等宣传教育，积极宣传优秀事迹，增强教育引导群众的实效。开展"最美双板人""最美家庭""美丽庭院"等评选表彰活动，以身边人、身边事等正面典型来教育引导群众。建设"居民议事角"、便民服务"联心牌"等，增设法治、惠民、民生等宣传内容，全天候为广大群众提供信息问询和便民服务。

（2）科技赋能"慧眼工程"，筑起治安千里眼。双板镇将"雪亮工程""慧眼工程"监控探头统一接入镇村两级平台，建成镇级平安数字乡村智慧治理平台1个，村级治安联网监控平台6个，慧眼监控点位863个，初步构建起点、线、面立体乡村智慧治理新格局。盘活两项改革后闲置资产，在原双板派出所建成镇综治中心，规范设置"四室一站"，并与中国电信梓潼分公司合作，配齐各类设施设备。整合村办公场所，建成村级综治中心6处。培养社区常职干部、镇村网格员、公益性岗位等人员，通过专业技能、安全保密等业务培训，提升专业素养，签订保密协议，负责平台日常管理。

（3）拓展"慧眼工程"内容，织就平安乡村网。随着"慧眼工程"深入实施，平台内容不断拓展，平台建设更加立体化。按照属地管理原则，将7个村（社区）按照村（居）民小组为基本单元划分网格，建立"镇、村、社、户"四级点、线、面立体网格化服务管理。按照"定格、定员、定责、定岗"四定原则，以防控风险、服务民生、治理高效为出发点和着力点，建成覆盖全镇的慧眼立体监控网，打造集信息归集、联动指挥、分析研判、监测预警、实时监控为一体的区域治理平台，形成覆盖全镇重点路段、地质灾害隐患点、水库防汛监测点、森林火灾高空热成像报警监控点、秸秆禁烧监控点及家庭院落的立体监控网络体系。

6.2.5.3 取得成效

在公共管理区域板块，双板镇在地质灾害点、森林火灾高风险区、农村道路卡口、垃圾收集站、秸秆禁烧监控点、环境污染高风险区域和防汛监测点，建立起立体式的农村全天候无死角基础防控网，基层治理工作从传统的"人防"上升到"技防"，既解放了基层干部人力资源，又实现了全面覆盖、精准管理、高效服务，全面提升了社会治理现代化和稳定风险防控水平。截至2021年末，梓潼县"慧眼工程"共建立村级平台141个，所有镇（乡）、管委会均开通镇级平台。新增感知源12 210个，覆盖全县16个镇（乡）管委会、161个村（社区居）委会。通过慧眼监控点位，共解决村民纠纷5起、提供治安案件线索2条，镇治安案件同比下降40%。

6.2.6 郫都区

6.2.6.1 基本概况

随着政策红利的持续释放，我国农村数字化的建设取得了丰硕的成果。四川省成都市通过数字化建设进农村综合示范工作，充分释放了青杠树村旅游业的发展潜力，成功转型升级了综合示范工作，并打造了旅游宣传信息畅通、线上线下相互融合、涉农商品和服务消费双升级的现代化旅游体系和现代农村市场体系，实现了脱贫攻坚和乡村振兴的有效衔接。

6.2.6.2 主要做法

（1）数字化建设改善营销模式。青杠树村通过网站、触摸屏等构建了集电子导览、电子导游、电子商务、景点宣传介绍功能于一体的，涵盖吃、住、行、游、购、娱的全方位旅游服务体系，并不断加快投入使用。青杠树村利用完善的三道堰青杠树智能语音讲解系统，通过二维码扫码技术，为游客提供免费的语音讲解服务。

（2）"旅游+农业"融合发展。青杠树村按照"农民主体，政府引导，市场运作"的原则，运用"小规模、组团式、生态化、微田园"的理念，以农民集中建房整治项目为主要抓手，综合推进农民新居建设、基础配套建设和乡村旅游产业发展，建成9个以"川西民居"为特色的农民新聚居点，形成以"秀美水乡、乐活田园"为主体，集观水、赏花、运动、休闲于一体的特色乡村旅游。成功举办了20余次"踏青节""端午快乐游""香草花海欢乐季""大学生帐篷露营音乐节"等节庆活动。

6.2.6.3 取得成效

青杠树村按照"高端项目为龙头，农家旅游为配套，都市现代农业为基础"的产业发展模式，以生态田园为基础、旅游开发为方向，做好环境美化和旅游配套设施的建设，利用互联网、物联网等现代科学技术打造科普教育、科技示范、农事体验、赏花评果、采摘游乐、农耕文化展现等有机融合的田园休闲旅游区，同时发展绿色有机农业宣传、举办乡村农业嘉年华、组织村民踏青节等农旅节庆活动，带动农民就业、帮助农民创收、增加村集体旅游收入，展现出乡村现代化发展新业态。

6.2.7 资中县

6.2.7.1 基本概况

资中县公民镇位于县城南部，距县城13千米。2021年4月，公民镇党委政府以创新的发展模式巩固拓展脱贫攻坚成果，全面推进乡村振兴，加快全镇农业农村现代化。探索"3+1+5"发展模式，推出"集体经济+县供销社+永利商贸有限责任公司"模式，成立资中县邦民供销合作社有限公司。旨在调整优化产业整体结构，围绕优化资源配置，盘活用好镇村公有资产及周边农业产业等资源。整合村集体经济、专业合作社、家庭农场、种植养殖大户，小微企业等5类农村经济体进入资中县邦民供销合作社有限公司，借助县供销社平台，通过永利商贸渠道推送，实现农产品进城，工业品下乡，助力乡村产业振兴，激活壮大集体经济。

6.2.7.2 具体做法

资中县邦民供销合作社有限公司位于公民镇高石坝子村，借助永利商贸电商销售、产品运输平台成立农产品公共集配、电商直播销售中心。建成800平方米的新发地为农服务中心、1 500平方米的邦民电商云仓物流中转站及3个70~80平方米的村级综合服务社。

（1）建公司，促发展，集体经济提质增效。该公司注册资金50万元、股本金100万元（村集体经济组织出资36万元、占股36%，县供销社合作社联合社出资15万元、占股15%，永利商贸有限公司出资49万元、占股49%）。实行"3+1+5"运营模式，由村集体经济组织、县供销社、水利商贸有限公司3个资金主体建成1个公司，服务村集体经济组织、专业合作社、家庭农场、种植养殖大户及小微企业5个对象，实现本地优质农产品"走出去"，外地优质工业品"引进来"，解决产供销"最后一公里"的问题。村集体经济按照"固定+二次"模式进行分红，其中固定分红为每年股本金的10%，即3.6万元；若公司年纯利润超过10万元，超过10万元的部分则按照投入资金的占比进行二次分红。已吸收1 686户农户入社，其中已有130户成为首批服务性社员，有效带动210户农户入社并实现增收，解决6名离任村干部就业，附近留守妇女300余名通过水果采摘打包实现就近就业务工。

（2）网上销，线下卖，农副产品广开销路。为帮助农户解决农产品销售难题，邦民供销社建立了集仓储、分拣、冷链、配送、供销于一体的农村综合服务体系，结合农村电商平台，成立电商服务部，通过淘宝、拼多多等多个电商平台进行线上销售，组织直播带货团队深入各生产基地，通过"互联网+传统渠道"双向销售模式，助力当地特色农产品进城销售。带货直播团队把水果卖出去，邦民供销合作社有限公司的运输部门快速把水果拉到合作社的分拣仓库，由分拣工作人员快速分拣打包，发往全国各地。公司成立一年多以来，通过直播带货、电商平台、线下渠道，成功帮助资中县众多农户销售晚熟血橙、李子、六月雪雪梨、黄金梨等农产品，受到农户好评。

（3）代办点，主力军，惠农服务遍地开花。资中县邦民供销合作社有限公司以"增强服务能力"为核心竞争力，着力优化镇、村便民服务，农村公共服务等布局，以"1+4+3"现代乡村产业体系为支撑，立足服务"三农"为根本，通过建设农村综合服务社，拓展基层社经营服务内容，为农民提供农资和日用消费品供应、再生资源回收、农产品收购、文体娱乐、代理代办等多样化服务，搭建城乡社区综合服务平台。建设3个农村综合服务社（代办点），1个城区综合服务社（代办点），推动农资、日用消费品上山下乡和农产品出村进城，解决农产品上行困难和滞销、农村快递进村"最后一公里"等突出问题。自成立以来，为农户代收代寄快递

5 000余件次，帮助农民专业合作社、家庭农场、农户等销售水果200余万斤（1斤=0.5千克），成为服务农民生产生活的主力军和综合平台。

6.2.7.3 取得成效

邦民供销合作社有限公司正逐渐成为当地农业社会化服务的骨干力量，农业现代流通的主导力量，农民专业合作的带动力量，优质安全商品供应的宝藏力量。逐步建构以农业生产资料、农副产品、日用消费品、再生资源为主的连锁经营网络体系，加速形成以供销合作社为中心、乡镇配送为骨干、村网点为终端的连锁配送网格体系，办成农民的合作经济组织，助力乡村振兴。运用"线上线下"立体式销售模式，2021年，累计销售血橙、不知火、香菇、折耳根等生鲜农产品366吨，销售总额达368万元，其中线上销售252吨、销售额334万元，创造劳动就业收入1 000余万元。

6.2.8 隆昌市

6.2.8.1 基本概况

隆昌市位于四川省东南部，东邻重庆市，南接泸州市，西连自贡市，北与内江市相邻，面积794.41平方千米。近年来，隆昌市坚持把推动成渝地区双城经济圈建设作为重大政治任务，与重庆市荣昌区加强对"隆昌猪""荣昌猪"两大全国优质种猪的深度合作，按照"现代畜牧业"的总体要求，坚持以科学发展、绿色发展为指导，以转变畜牧生产方式和畜禽疫病防控为重点，以农民增收为落脚点，着力扶龙头、建基地、抓大户、做示范，积极实施规模化、数字化、专业化、规范化饲养养殖，加大对隆昌市龙市镇108个种养循环合作养猪场暨10万头生猪产业发展项目以及隆昌德树生态猪业能繁母猪场项目的信贷支持，通过创新活体生猪抵押+数字化监控+保险方式满足生猪项目资金需求，有力推进金融赋能乡村振兴。

6.2.8.2 具体做法

（1）强化多元共建机制。2020年3月，隆昌市龙市镇政府与四川德树生态农庄股份有限公司达成意向，在龙市镇范围内采取适度规模、分散养殖、种养结合、立体循环的方式，合作发展生猪养殖。育肥猪项目采取"龙头企业+集体组织+入股村民"由专业合作社管理的经营模式。其中龙头企业为专合社提供养殖技术指导、采供销渠道支持、疫情防控等；集体组织、村民入股分红，不参与经营；专合社负责具体经营。同时，利用每个专合社周围80亩流转土地，实现猪—沼—果—

蔬—草循环体系，种植苜蓿草作为猪食主要来源，既能降低环境污染，也能为专合社提供青饲料，降低养殖成本。经测算，能降低养殖成本 200 元/头。能繁母猪项目主要为育肥猪项目提供稳定、安全、优质及充足的仔猪，原种猪引进内江地标产品"内江黑猪"及太湖黑猪，父母代种猪采用自繁，育肥猪采取自养，建立自繁自养循环体系，在充分保证自繁自养基础上，适度实现仔猪市场化销售。

（2）强化物联网系统建设。安装环境温湿智能管控系统，智能管控温湿。在猪舍安装接收器，24 小时自动感知猪舍的温湿度，并实时反馈到系统中台，中台对数据作出判断后，决定是否启用自动喷淋、自动风扇控制、温度调节等智能设备，实现对猪场内小气候的改造，将环境调整到适宜生猪生长的状态。安装智能地磅称重系统，对进出物资实时掌控。将智能地磅称重系统连接到生猪管理系统和企业资源计划管理软件系统，可在生猪出场、进场、饲料进场等进出物资进行过磅时，自动形成数据并传输至猪场管理平台，做到精准记录和管控。安装精准饲喂系统，实现精准投料。该系统能记录每一种原料的投料量，其投放精准率可达 90% 以上，并根据采集的饲料量精准测算出饲料的产肉效率，帮助饲养员作出管理决策。

（3）强化信息化管理平台建设。为解决 150 个专合社养殖场以及各种物联网系统互不相通、人为录入生产数据不准确、不及时、抵押物监管等问题，四川隆昌德树生态猪业控股股份有限公司、中航安盟财产保险有限公司内江中心支公司、隆昌农商银行三方签订了《隆昌德树生猪综合金融服务暨生猪活体贷合作协议》，由中航安盟财产保险有限公司内江中心支公司提供"慧农易保通"数字化管理服务平台，平台功能主要对活体抵押物进行数字化管理，如实时监控生猪生产经营情况、生猪活体资产盘点以及财务系统等。通过该平台，贷款银行能够 24 小时不间断地远程监控了解猪场生猪状况，如生猪进出、结存、饲养以及死亡等情况，及时、准确了解抵押物数量；同时通过该平台，生猪死亡后能够及时得到理赔，既提高了理赔效率，又提高了资金使用率。

6.2.8.3 发展成效

活体抵押物的监管一直是个难题，通过互联网系统，建立相应管理功能的平台，实现银行 24 小时的远程监控，有力地解决了养殖物活体不能作为抵押物的困境。同时突破了难以监管的技术难题，有力地解决了养殖户融资需求中无担保物的困境，有利于养殖项目健康发展，助力乡村振兴。通过数字化管理，精准饲喂，预计减少饲料损耗3%，及时预测疾病，减少损失，实现更精准的营养配方、更完善的健康管理。

6.2.9 纳溪区

6.2.9.1 基本概况

纳溪地处四川南缘，面积1 150平方千米，辖10个镇、3个街道，总人口50万，被列入首批"国家数字乡村试点地区"，被授予首个"四川省大数据融合发展创新区"称号。2017年8月，纳溪区在全国率先启动新型智慧城市建设，成立了智慧纳溪指挥部，通过数据分析和应用，初步形成应急指挥调度、城市管理调度、数据共享调度等"多网融合、一网统筹"运行模式，实现基层治理体系和治理能力现代化，发展后劲进一步得到夯实和增强。

6.2.9.2 具体做法

（1）整合资源—打破数据信息壁垒。上线运行政务协同治理工作平台、智慧乡村、智慧教育等智慧平台，围绕"采集、归集、治理、应用、安全、运营"等数据处理，实现村、镇、区级部门信息互通，推进公共数据标准化，打破部门"数据孤岛"。全区机关单位IPV6升级全覆盖，智慧纳溪指挥部入驻城管、公安、交通、住建等监测人员，融合全区25个部门83套数据，整合天网、雪亮、慧眼等12套视频监控系统，实现"党政统筹、一个平台集成、全域数据整合、上下协同联动"，织密线上线下一张网。

（2）一网统管—线上线下高效治理。建立分级决策调度、分级授权管理机制，利用"大数据+大网络+大监控"智能优势，实现对服务效能、应急处置、重点场所等方面实时监管。一是搭建政务监察平台。依托该平台，建立"大数据+精准巡防"制度，破解传统信访问题核查过程中调查内容外泄风险大、实地走访耗费人力物力多等难题，利用"数据检索""筛查比对""数据分析"等功能，几分钟之内即可呈现比对结果，让干部监督管理更有针对性、更具准确性。二是搭建网络态势感知平台、利用IPV6技术绑定每台电脑IP地址，对全区及各个单位的网络情况进行评估，以及预测未来的变化趋势，当出现异常流量的时候，平台会将警告发送给单位管理者，单位及时处置提前预防，保障网络安全。三是搭建应急管理平台。整合全区各类资源，搭建水利工程动态监管系统，构建"一屏知全域"的视频监控，建立全区一类值班部门全覆盖的应急值班指挥系统，提高应急管理科技化水平。

（3）便民利民—高效精准服务群众。以党建引领城乡基层治理为主线，以智慧纳溪各子系统为依托，以全域党建网格单位为基础，以机构改革为契机，调整优化板块区域，全区划分为208个网格，按照职能职责，落实"区、镇、村、网格党小组、党员中心户"五级责任体系，着力解决联系服务群众"最后一米"问题。搭建"智慧纳溪指挥部—镇（街道）数字治理服务平台—村（社区）数字治理服务站"的三级联动服务体系，在全省率先开展"0证明城市"创建工作，大力开展"数字化政务、数字化服务、数字化办理、数字化处理"，群众办事实现"一证通办、一键查询"，推动政务服务从"群众跑腿"向"数据跑路"转变，构建"一网通办"政务服务格局。

6.2.9.3 取得成效

智慧纳溪指挥部的建立运行，使乡管理更智慧、社会治理更高效。运行至今累计受理涉政府管理、民生服务各类案件14.31万件，利用数据资源为群众挽回损失近1.8亿元，应急帮助市民268次，极大地改善了区域治安环境。通过便民应用集成至指挥部，真正做到"群众少跑腿，数据多跑路"。截至2022年末已实现在线事项办理查询政务服务526项、社区服务8项，并且还在不断建设和增加，极大地便利了群众的生活，其中"0证明城市支撑平台"，可服务7 000余个证明事项，可共享和协查证明材料16 923项，预计每年可为全市群众节约办事时间52万小时，人民群众的获得感、幸福感不断增强。

第 7 章　四川省数字乡村发展水平定量评价

7.1　指标构建

7.1.1　构建原则

数字乡村评价指标体系构建遵循以下原则。一是科学性原则，参考国内相关学者关于数字经济、智慧乡村、乡村振兴、农业信息化等采用的评价指标体系，结合《2020全国县域数字农业农村发展水平评价报告》《中国数字乡村发展报告（2020年）》等报告的主要内容，并以《数字乡村发展战略纲要》《2022年数字乡村发展工作要点》等国内有关政策和规划为指导①，进行指标设计，尽可能反映数字乡村建设情况和数字技术的先进性。二是全面性原则，设计的指标体系包括数字乡村的主要目标及重点建设任务，包含数字乡村基础设施、数字经济、数字治理、信息服务等主要内容，尽可能不遗漏重要指标，做到从不同角度切入，以全面反映评价对象特征。三是指导性原则，根据数字乡村内涵，总结并提炼四川数字乡村的优弱势，力求该指标成为四川各地数字乡村发展评价的指引。四是可操作性原则，评价指标对应的数据要能易于收集处理、量化计算和广泛接受，更加便于开展数字乡村考核与评价工作②③。

7.1.2　设计思路

数字乡村建设以大数据、物联网、云计算、区块链、人工智能和地理信息系统等信息技术为依托，应用于生产、生活、生态和治理等各个领域，是新时代农业农

---

① 王小兵，马晖. 我国农业农村信息化发展水平评价研究：基于2020年全国2 642个县域数据的分析 [J]. 农业大数据学报，2022，4（1）：5-11.

② 张鸿，王浩然，李哲. 乡村振兴背景下中国数字农业高质量发展水平测度：基于2015—2019年全国31个省市数据的分析 [J]. 陕西师范大学学报（哲学社会科学版），2021，50（3）：141-154.

③ 朱红根，陈晖. 中国数字乡村发展的水平测度、时空演变及推进路径 [J]. 农业经济问题，2023（3）：1-14.

村信息化发展的必然趋势,是乡村振兴战略的内在需求①。数字乡村赋能乡村振兴的指标体系构建思路如图7-1所示,构建主要聚焦于5个维度。

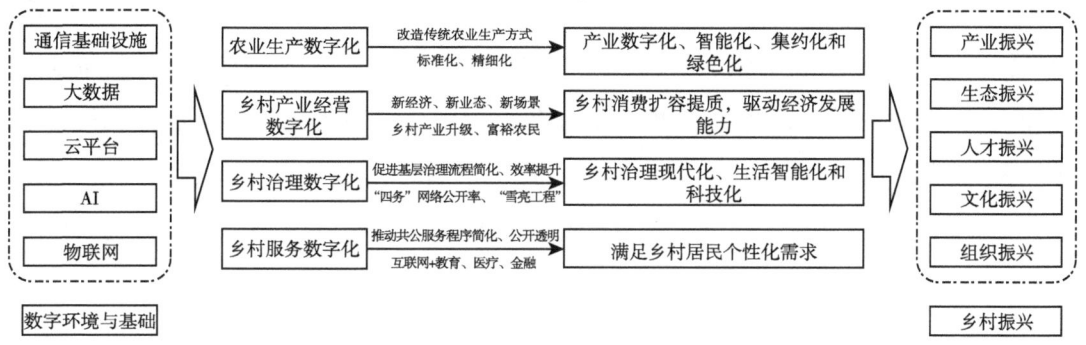

图7-1 数字乡村评价指标体系设计思路

7.1.2.1 乡村数字环境与基础维度

乡村数字环境与基础是数字乡村战略实施的物质基础。完善新一代乡村基础设施是发展数字乡村的基础和支撑,数字乡村发展的前提是互联网、4G/5G、移动终端等基础设施的普及和应用,为衡量数字乡村发展的信息基础环境和支撑条件,乡村数字环境与基础一级指标涵盖了乡村数字化投入(财政、社会)、农村宽带入户率、农村互联网普及率、(乡村)信息服务人员就业比重、县级农业农村信息化管理服务机构综合设置情况等6项二级指标。我国数字乡村发展环境日益改善,根据中国互联网络信息中心发布的数据,截至2020年12月,农村网民规模为3.09亿人,占全国网民的31.24%,农村互联网普及率达到55.9%,表明农村互联网仍有很大的发展空间。据《中国数字乡村发展报告(2020年)》,近年来,我国农村基础网络设施得到了完善,农村4G基站达到1.37万个,全国行政村通光纤和通4G比例均超过98%,全国行政村通宽带比例达到98%,农村宽带接入用户数达到1.39亿户,同比增长8%。另据《2021年全国县域农业农村信息化发展水平评价报告》,2020年全国县域农业农村信息化财政投入增速达到341.4亿元,县均财政投入1 293.3万元,较2019年提升了65.3%,乡村人均财政投入46.0元,较2019年提高79.6%;社会资本投入县域农业农村信息化809.0亿元,是财政投入的2.4倍,县均社会资本投入3 062.3万元,乡村人均109.0元,分别比2019年增长了49.1%

---

① 钟文晶,罗必良,谢琳. 数字农业发展的国际经验及其启示[J]. 改革,2021(5):64-75.

和 62.2%。

7.1.2.2 农业生产数字化维度

数字农业是农业信息化发展的高级阶段。数字农业将信息作为农业生产要素，用现代信息技术对农业对象、环境和全过程进行可视化表达、数字化设计、信息化管理[①]，推动农户采用以先进机械和设施农业为代表的现代化生产手段，利用物联网、人工智能、云计算等技术，实现生产环节的智能决策、自动控制与精准管理，促进农业生产的标准化、精准化，最大限度挖掘动植物生长潜力，减少投入、降本增效。

随着农业信息技术的不断推广应用，农业生产数字化发展呈现良好的发展势头和巨大的潜力，对提高土地产出率、劳动生产率和资源利用率的作用日益凸显[②]。该指标维度下设大田种植数字化水平、农机信息化水平、设施栽培数字化水平、畜禽养殖数字化水平、水产养殖数字化水平、数字化设施设备补贴等6项二级指标。据《2021年全国县域农业农村信息化发展水平评价报告》，2020年我国农业生产信息化水平为22.5%，农业生产信息化水平的提升对农业总产值有明显的促进作用，发展乡村产业信息化是释放农业数字经济潜力的根本途径。从不同乡村产业看，畜禽养殖信息化水平最高，达到了30.2%，设施栽培、大田种植、水产养殖信息化水平分别为23.5%、18.5%和15.7%。2020年，我国农业生产信息化水平位居前10位的省（市）依次为江苏、浙江、安徽、上海、湖北、湖南、江西、黑龙江、陕西和山东（图7-2，图7-3）。

7.1.2.3 乡村产业经营数字化维度

乡村产业经营数字化现已日趋成为数字乡村建设的重心。其与数字普惠金融、电子商务、旅游业、返乡创业的探讨联系紧密，在培育乡村产业新增长点，催生新发展理念与运营模式，农业新零售、乡村旅游等新模式方面作用较大，有效地拓展了农业多功能性和提升农业比较效益[③]。该指标维度下设农村电商服务站覆盖率、农旅智慧景区发展水平、乡村农产品直播带货占比、农产品电商服务满意度、农旅

---

① 张蕴萍，栾菁. 数字经济赋能乡村振兴：理论机制、制约因素与推进路径 [J]. 改革，2022（5）：79-89.
② 黄文己. 数字经济赋能农业高质量发展 [J]. 乡村论丛，2022（3）：67-72.
③ 杨嵘均，操远芃. 论乡村数字赋能与数字鸿沟间的张力及其消解 [J]. 南京农业大学学报（社会科学版），2021，21（5）：31-40.

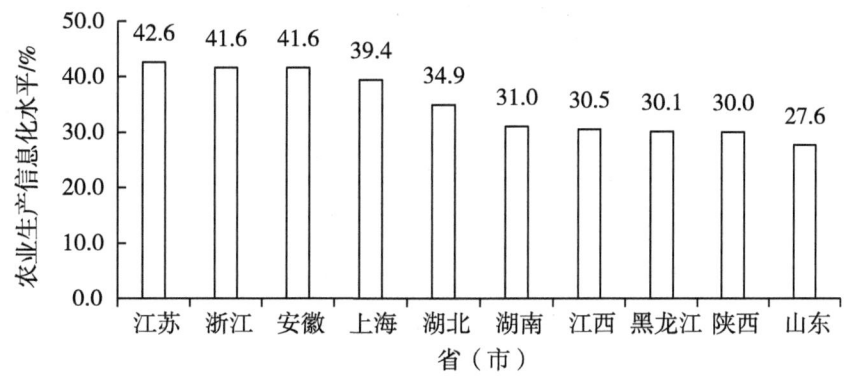

图 7-2 2020 年我国农业生产信息化水平排名前 10 位的省（市）

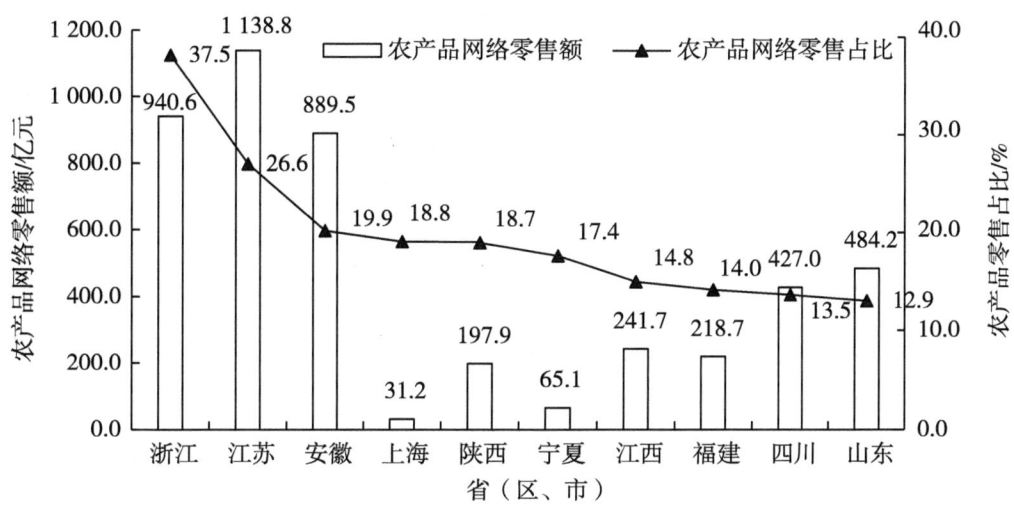

图 7-3 2020 年我国农产品网络零售占比排名前 10 位的省（区、市）

融合发展水平、农产品网络零售额占比、农产品质量安全追溯信息化水平 7 项二级指标。据商务部大数据监测，2020 年全国农村网络零售额达 1.79 万亿元，同比增长 8.9%，农村地区收投快递件数占全国快递业务总量的 20% 以上。另据《2021 年全国县域农业农村信息化发展水平评价报告》，2020 年全国县域农产品网络零售额为 7 520.5 亿元，占农产品销售总额的 13.8%，比 2019 年增长了 3.8 个百分点，其中，浙江、江苏、安徽的农产品网络零售占比位居全国前列，分别为 37.5%、26.6% 和 19.9%。与此同时，数字技术嵌入乡村新产业新业态的模式不断多样化[①]。

---

① 郭凯凯，高启杰. 农村电商高质量发展机遇、挑战及对策研究 [J]. 现代经济探讨，2022 (2)：103-111.

如四川省大力发展以"图文+短视频+直播"等新媒体运营为代表的农村社交电商新模式，弥合城乡差距，成为拓宽农产品及休闲农业营销渠道的重要新生力量；因疫情催生的消费"宅经济""线上下单""无接触配送"增长翻倍，仅成都地区京东到家平台的蔬菜销售额就达到了常年同期的几倍。

7.1.2.4 乡村治理数字化维度

乡村振兴战略指引下的技术赋能乡村治理是大势所趋。乡村治理涉及面宽、工作量大、事务繁杂，数字技术为基层治理提供了新的方法和手段，一方面，可以为基层群众提供全面快捷的服务，提高信息透明度，增强群众参与乡村治理的积极性；另一方面，可以有效提升基层政府运转的效率，节省人力、物力、财力，提升乡村整体治理水平。为诠释乡村数字治理效能，该指标维度涵盖了村党务公开信息化水平、村务公开信息化水平、村财务公开信息化水平、"雪亮工程"行政村覆盖率、"法治乡村"普及程度5项二级指标。目前数字技术在乡村政务、党务、疫情防控等方面的应用都取得了一系列进展（图7-4）。《中国数字乡村发展报告（2020年）》显示，在乡村政务管理领域，"互联网+政务服务"加快向农村延伸，数字化"三资"智慧监管系统、宅基地信息化管理平台、土地承包经营权信息应用平台投入使用；在乡村党务村务领域，各地加快推进党员管理信息化平台建设，"雪亮工程"不断深化。另据《2021年全国县域农业农村信息化发展水平评价报告》，2020年我国应用信息技术实现行政村"三务"（党务、村务、财务）综合公开水平

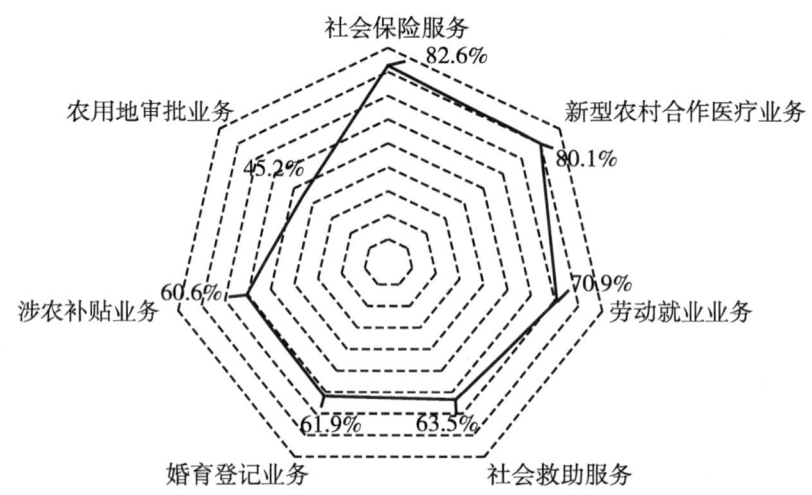

图 7-4 我国县域地区重要民生保障业务在线办理情况

达到 72.1%，其中，党务公开水平为 73.1%、村务公开水平为 72.8%、财务公开水平为 70.5%。若分区域来看，东、中、西部地区行政村"三务"综合公开水平分别为 70.7%、77.5% 和 68.0%。"雪亮工程"行政村覆盖率达到 77.0%，较 2019 年提高 10.3 个百分点，东、中、西部分别为 77.9%、83.5% 及 68.2%；县域政府服务在线办事率为 66.4%，分区域看，东部地区在线办事率为 67.3%、中部地区为 70.4%、西部地区为 62.4%。从省域排名来看，应用新技术实现行政村"三务"综合水平排名前 10 位的省（区、市）依次是上海、浙江、江苏、湖南、安徽、重庆、内蒙古、甘肃、江西和宁夏。

7.1.2.5 乡村服务数字化维度

数字乡村通过"互联网+"模式正在实现公共服务领域的数字化渗透，数字技术与社会保障领域全方位深度融合，大力推动"互联网+医疗""互联网+教育""互联网+金融"等线上公共服务模式加速落地，在创新中推动公共服务向农村延伸。可以说，乡村服务数字化是数字乡村发展的关键落脚点，是满足广大农民对美好生活向往的重要着力点。该维度指标主要包括乡村公共服务数字化建设水平、乡村公共医疗服务数字化建设水平、乡村公共文化服务社会化建设水平、乡村公共就业服务数字化建设水平、农村居民事务在线办事率 5 项二级指标。截至 2020 年 6 月，全国共建成运营益农信息社 42.4 万个，累计培训信息员 106.3 万人次，为农民和新型农业经营主体提供服务 1.1 亿人次，开展便民服务 3.1 亿人次。2020 年 8 月，全国供销系统共发展各类综合服务社 41.98 万个，逐步形成了为农服务的整体合力。在乡村公共服务方面，"互联网+教育""互联网+医疗""互联网+金融"等均取得了不俗的成绩。以四川省为例，自 2017 年以来，共建成 3.7 万个益农信息社，着力实现公益资讯、生活便民、农村电商和体验培训等一站式服务，提升广大农民群众利用信息发展生产、改善生活、增收致富的能力。

7.1.3 指标体系

本研究设计和构建了乡村数字环境与基础、农业生产数字化、乡村产业经营数字化、乡村服务数字化和乡村治理数字化 5 项一级指标、28 项二级指标的数字乡村发展评价指标体系（表 7-1）。该评价指标在具体的实践应用中，应结合评价对象的发展实际、发展需求、阶段目标一级数据的可获取等方面，围绕一级指标对二级指标进行适当的调整和取舍，形成契合地区实际的评价指标体系。

表 7-1 四川省数字乡村发展水平评价指标体系

一级指标	二级指标	单位	计算公式
乡村数字环境与基础	乡村人均数字化财政投入	元	农业农村信息化财政投入÷乡村总人口
	乡村人均数字化社会投入	元	农业农村信息化社会资本投入÷乡村总人口
	（农村）宽带入户率	%	互联网宽带接入用户÷总家庭户数
	农村互联网普及率	%	乡村网民数÷乡村总人口
	信息服务人员就业人员比重	%	信息传输、软件和信息服务就业人员÷总就业人员
	县级农业农村信息化管理服务机构综合设置情况	%	县级农业农村信息化管理服务机构综合设置情况
农业生产数字化	大田种植数字化水平	%	大田应用数字化种植面积÷大田种植面积
	农机信息化水平	%	作物农机信息化作业面积÷大田种植面积
	设施栽培数字化水平	%	设施栽培应用数字化种植面积÷设施种植面积
	畜禽养殖数字化水平	%	信息技术在畜禽养殖业中的应用率
	水产养殖数字化水平	%	信息技术在水产养殖业中的应用率
	实施数字化设施设备补贴		是否对购买数字化设备实施补贴：虚拟变量，是 1，否 0
乡村产业经营数字化	农村电商服务站覆盖率	%	建有电商服务站的行政村数量÷县域行政村总数
	农旅智慧景区发展水平	%	3A 及以上景区应用信息化技术的数量÷3A 及以上景区总数
	农产品电商服务满意度		是否满意电商服务：赋值满意 1，一般 0.5，不满意 0
	农旅融合发展水平		是否了解过基于互联网技术和信息化手段开展的"休闲农业+乡村旅游"模式：赋值非常了解 1，比较了解 0.75，基本了解 0.5，不太了解 0.25，从未听说 0
	农产品网络零售额占比	%	农产品网络销售额÷地区农产品交易额
	农产品质量安全追溯信息化水平	%	种植业农产品、设施栽培农产品、畜禽农产品、水产品等农产品综合质量安全追溯信息化水平
乡村治理数字化	村党务公开信息化应用水平	%	全县通过互联网技术和信息化手段，实现党务、村务、财务公开的行政村数量÷县域行政村总数
	村务公开信息化应用水平	%	
	村财务公开信息化应用水平	%	
	"雪亮工程"行政村覆盖率	%	"雪亮"行政村个数÷县域行政村总数
	"法治乡村"普及程度		是否容易获取基于公共数据建设开展的法治宣传事项：赋值非常容易 1，容易 0.75，一般 0.5，不容易 0.25，非常不容易 0

(续表)

一级指标	二级指标	单位	计算公式
乡村服务数字化	乡村公共教育服务数字化建设		是否满意基于公共数据建设的教育服务信息服务平台：赋值非常满意1，满意0.75，一般0.5，不满意0.25，非常不满意0
	乡村公共医疗服务数字化建设		是否满意基于公共数据建设的医疗服务信息服务平台：赋值非常满意1，满意0.75，一般0.5，不满意0.25，非常不满意0
	乡村公共文化服务数字化建设		是否满意基于公共数据建设的文化服务信息服务平台：赋值非常满意1，满意0.75，一般0.5，不满意0.25，非常不满意0
	乡村公共就业服务数字化建设		是否满意基于公共数据建设的就业服务信息服务平台：赋值非常满意1，满意0.75，一般0.5，不满意0.25，非常不满意0
	农村居民事务在线办事率	%	全县通过互联网手段实现农民在线办理的事务占农民全部办理事务的比重

7.2 数据来源

7.2.1 评价范围

本次评价范围涵盖四川省21个市（州），覆盖了178个涉农县（区）。成都市锦江区、成华区、武侯区、金牛区、青羊区除外。

7.2.2 数据来源

指标数据有两个来源，一是各类统计年鉴数据，包括《2020全国县域数字农业农村发展水平评价》《四川省统计年鉴》《四川省农村统计年鉴》《四川省农业统计年鉴》。二是调研问卷数据。部分来自课题组调研数据（机构版问卷和个人版问卷），其中，机构版问卷由178个涉农县农业农村相关部门填写；个人版主要调研对象是178个涉农县的农户、新型经营主体负责人、村干部、乡镇干部及其他涉农相关人员等。调研方式：线上线下相结合模式。机构版问卷实现了全省178个涉农县全覆盖；个人版问卷共回收1 700余份，其中有效问卷达1 556份。

7.3 数据处理

7.3.1 数据处理

鉴于评价指标体系中各指标在量纲、数量级等方面存在一定差异，因此需要对数据进行标准化处理从而消除各指标单位对评价结果的影响，以实现各指标之间的

可比性。本研究采用极差标准化的方法对评价指标数据进行标准化处理,其公式表述为:

$$X = (X_{ij} - \mathrm{Min}X_{ij})/(\mathrm{Max}X_{ij} - \mathrm{Min}X_{ij})$$

式中,X_{ij}为第i年j项指标的原始数据值,$\mathrm{Min}X_{ij}$为最小值,$\mathrm{Max}X_{ij}$为最大值。

7.3.2 指标权重

指标权重确定是否合理将决定评价结果是否具有科学性与有效性。目前国内外确定指标权重的方法主要分为两种,即主观赋权法和客观赋权法。虽然两种方法都有自身的优点但同时也存在着弊端,如主观赋权法存在主观随意性较大且容易受到知识水平等因素的限制,客观赋权法虽完全根据数据信息进行赋权但忽视了决策者的主观判断与意图。因此,本研究采取主客观相结合的方法,用层次分析法进行主观赋权,用熵权法进行客观赋权,二者相结合从而确定评价指标的组合权重以保证指标权重的可靠性。

7.4 个人版问卷结果与分析

本次数字乡村发展水平个人版调查对象为四川省21个市州农村地区的农户,各市州受访者分布较为均衡(图7-5),受调查者年龄分布为:18周岁及以下占3.73%,19~34周岁占38.69%,35~44周岁占26.35%,45~64周岁占28.47%,65周岁及以上占2.76%。文化水平以高中和大专为主,分别占比23.91%和

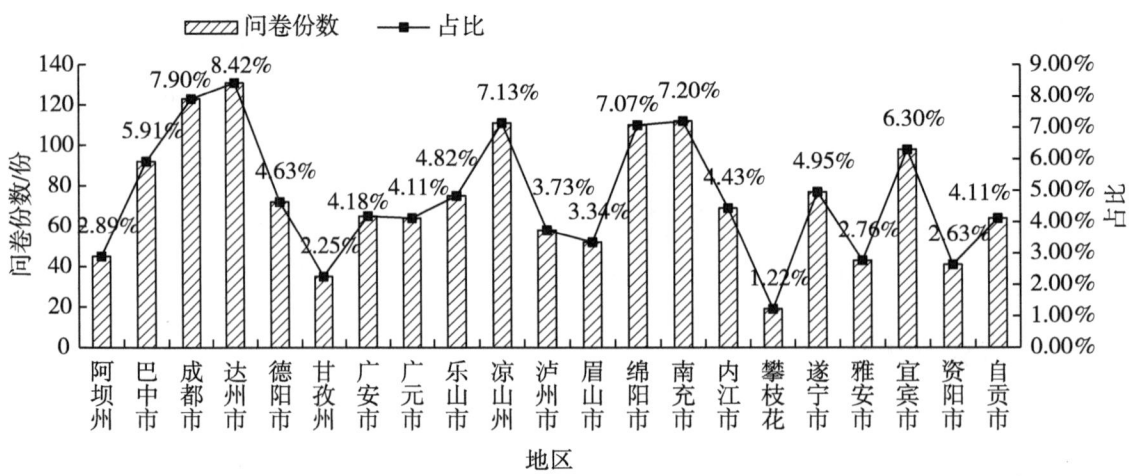

图7-5 个人版问卷分布地区占比情况

43.32%。仅有 0.64% 的受访者表示家中没有电视、电脑、手机和平板电脑，其余受访者均能在家中接触到电子产品。

7.4.1 农户信息化基本情况

农户信息化基本情况主要对农户经营类型、信息化设备使用情况等基本信息进行分析，包括从事农业生产类型、信息化设备使用、不使用信息化设备的原因、利用互联网技术和信息化手段开展的经营活动、农业信息化方面开展的技能培训满意情况 5 个指标。半数以上受访农户经营类型为种植业，水产养殖和林竹种植农户较少。62.21% 的农户从事种植业，13.82% 的农户从事畜牧养殖，13.37% 的农户从事家禽养殖，4.95% 的农户从事水产养殖，3.79% 的农户从事林竹（花木），还有 22.04% 的农户表示从事其他生产类型（图 7-6）。受访农户农业生产过程中使用信息化设备状况：使用最为频繁的是打药、病虫防治设备，有 36.76% 的受访者表示使用过该类型设备；33.03% 的受访农户表示使用了耕地、翻地等智能农机；14.85% 的受访农户使用了灌水施肥等智能设备；12.92% 的受访农户使用了种苗繁育、播种智能农机；使用过其余信息化设备的农户占比均在 10% 以下；另有 29.63% 的农户表示从未使用过信息化设备（图 7-7）。在调研中共有 460 个农户表示没有使用过信息化设备，究其原因主要是生产规模较小或存在技术应用障碍，其中，49.35% 的农户表示生产规模小；39.35% 的农户表示不懂技术；29.57% 的农户表示无政府支持或无足够资金；28.26% 的农户表示设备价格高；3.26% 的农户表示觉得效果不好（图 7-8）。在受访农户中，共有 750 个农户表示利用信息化手段开展过经营活动，占受访农户总数的 48.21%，这些农户偏好于经营农家乐，而经营民俗村的农户较少，具体为：50.4% 的农户经营农家乐，34.27% 的农户经营现代农

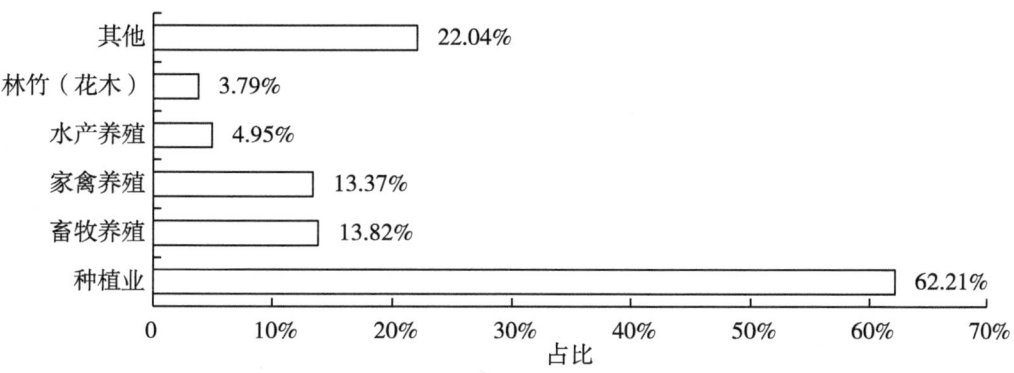

图 7-6 农户从事农业生产类型情况

业示范园，33.33%的农户经营休闲农庄（图7-9）。在受访农户中，有291个农户表示没有参加过农业信息化方面的技能培训，占受访农户总数的18.7%。接受过农业信息化技能培训的农户中，表示满意的占33.61%，一般的占42.16%，不满意的占5.53%（图7-10）。

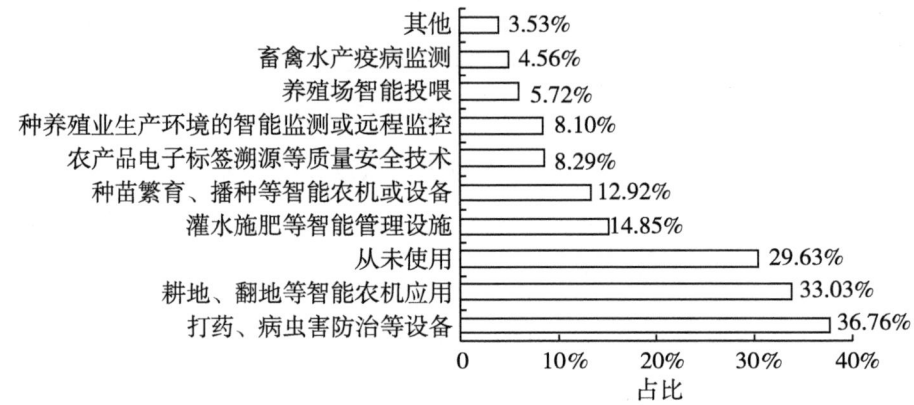

图7-7 农户从事农业生产过程中信息化设备使用情况

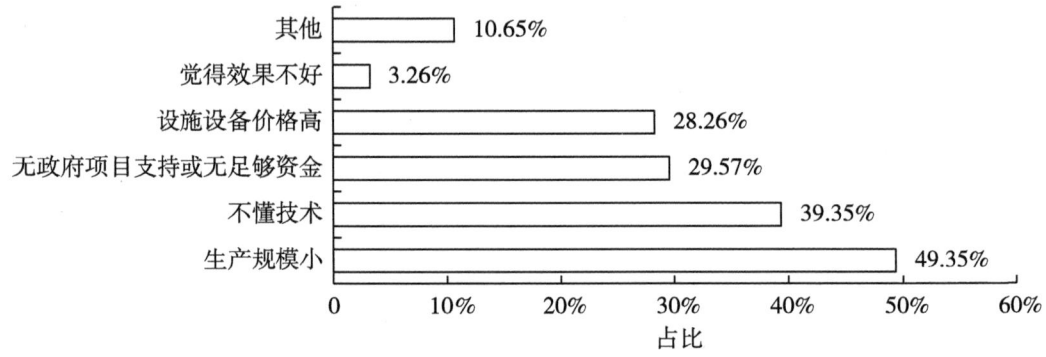

图7-8 农户不使用信息化设备的原因

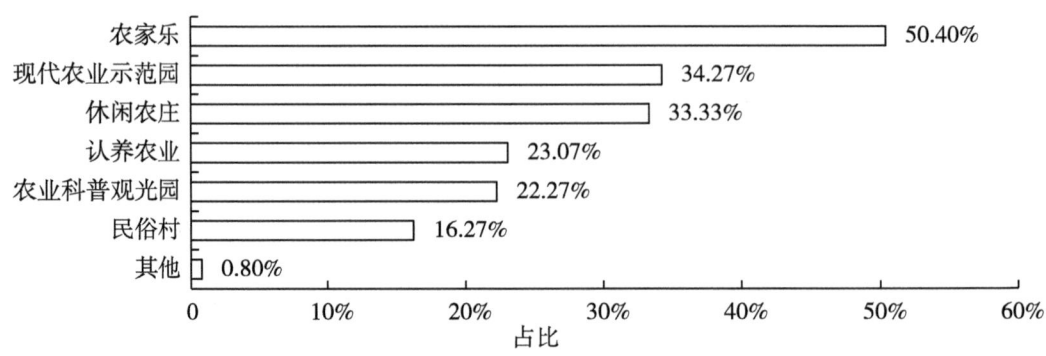

图7-9 利用互联网技术和信息化手段开展的经营活动

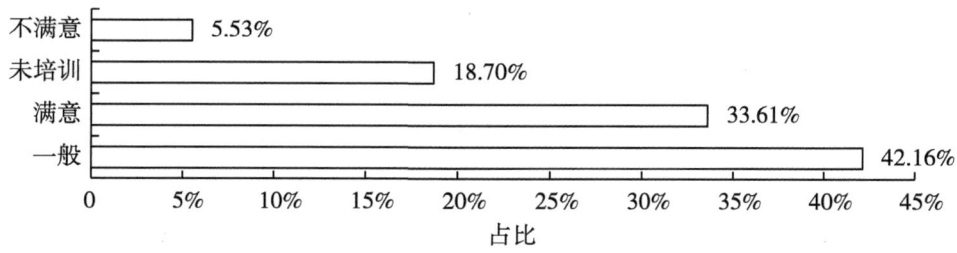

图 7-10　农户对农业信息化方面开展的技能培训满意情况

7.4.2　农产品电子商务情况

农产品电子商务情况主要针对农产品销售环节中信息化技术和手段的适用情况，主要包括农产品网络销售渠道、利用互联网平台进行产品电子交易额度、电商平台农产品销售类型、农村电商满意程度、农户对农村电商的改进意见5个指标。在受访农户中有一半以上的农户使用网络平台进行农产品销售，农户偏好于使用淘宝/天猫、拼多多进行销售，其中，48.97%的受访农户表示从未使用过网络平台销售农产品，分别有28.66%和20.37%的农户通过淘宝/天猫、拼多多销售农产品，通过微信小程序等其他销售渠道进行农产品销售的农户占比在20%以下（图7-11）。农产品电商以小额交易为主，在794个使用过互联网平台进行电商销售的农户中，85.77%的农户表示交易额度在10万元以下，仅有2.39%的农户表示交易额度在100万元以上（图7-12）。电商平台销售的农产品以果蔬、粮油为主，其中，有58.19%的农户表示销售产品为果蔬，37.78%的农户表示销售产品为粮油，25.69%的农户表示销售产品为禽蛋，21.03%的农户表示销售产品为新鲜肉类，其余类型农产品通过电商平台销售的农户不多，占比不到15.00%（图7-13）。受访农户对电商服务满意程度整体较高。794个使用过互联网平台进行电商销售的农户

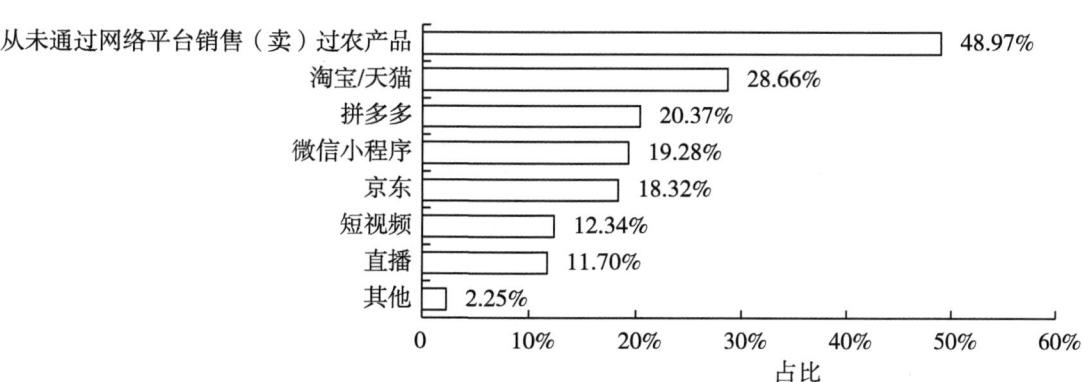

图 7-11　农产品网络销售渠道

中，表示满意占39.17%，表示一般占56.42%，仅有4.41%的农户表示不满意。保鲜技术是农产品电商亟待解决的问题。794个使用过互联网平台进行电商销售的农户中，分别有63.60%和57.68%的受调查农户表示电商需要在保鲜和物流方面进行改善（图7-14）。

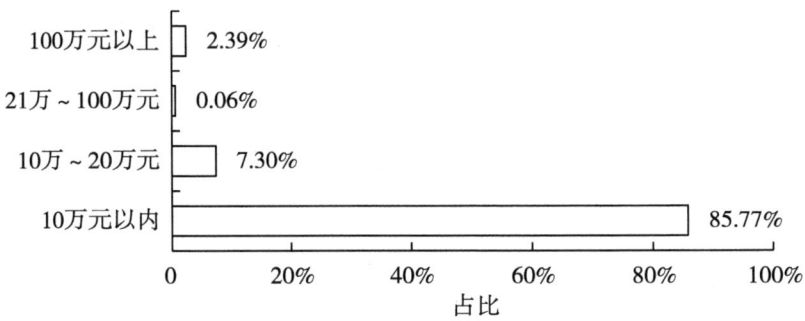

图7-12 农户利用互联网平台进行农产品电商交易额度

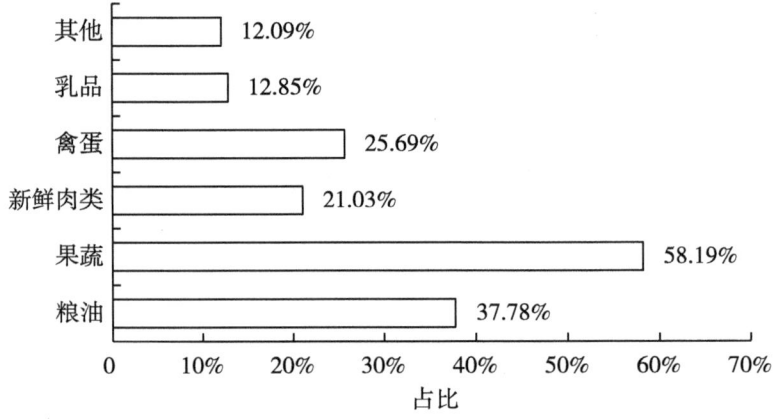

图7-13 农户利用电商平台销售的农产品类型

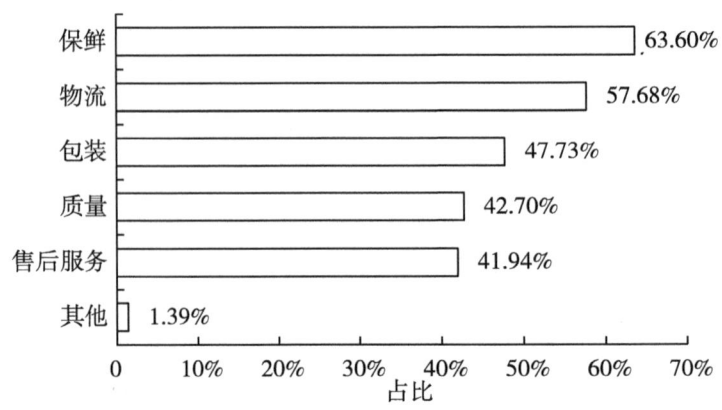

图7-14 农户对农村电商的改进意见

7.4.3 休闲农业信息化情况

休闲农业信息化情况主要对乡镇景区及休闲农业中智能设备、网络等信息化水平进行分析，包括景区数字化情况、乡镇景区信息化服务供给情况、农户对于互联网技术和信息化手段开展休闲农业/乡村旅游的了解程度、休闲农业经营活动情况、农户对乡村民宿、休闲农业和认养农业等新业态的感知 5 个指标。乡镇旅游景区数字化建设主要以通信网络、信息服务及数字化交通道路为主，其中 4G/5G 等通信网络设施占比为 71.40%；智能信息服务占比为 26.61%；数字化交通道路占比为 26.09%，智能停车场系统占比为 15.10%，智慧化生态保护设施占比为 10.80%（图 7-15）。乡镇景区数字化设施满意程度整体较高。表示满意占 28.34%，表示一般占 59.58%，有 12.08%的农户表示不满意。在乡镇景区信息化服务中，医疗卫生服务供给状况良好，其余信息化服务有待加强。40.62%的受调查农户表示有医疗卫生服务，25.13%的农户表示有住宿智能服务，24.49%的农户表示有景点信息、娱乐项目等实况查询服务。分别有 22.81%、21.27%、14.78%的农户表示有智能餐饮服务、智能门票服务、智慧购物服务。此外还有 29.18%的农户表示没有以上信息化服务（图 7-16）。农户对于互联网手段开展乡村旅游的了解程度不高，受访农户中表示非常了解的农户占比 4.05%，表示比较了解的农户占比 9.06%，表示基本了解的农户占比 33.42%，表示不太了解和从未听说的分别占比 44.54%和 8.93%（图 7-17）。受访农户中共有 738 个农户表示使用互联网平台进行了休闲农业经营，占受访农户总数的 47.43%，此类农户偏好使用短视频平台和自媒体平台进行宣传。具体而言，52.30%的经营农户表示使用了短视频平台，45.66%的经营农户表示使用了自媒体平台，旅游平台的使用用户最少，有 26.69%的经营农户表示使用了该

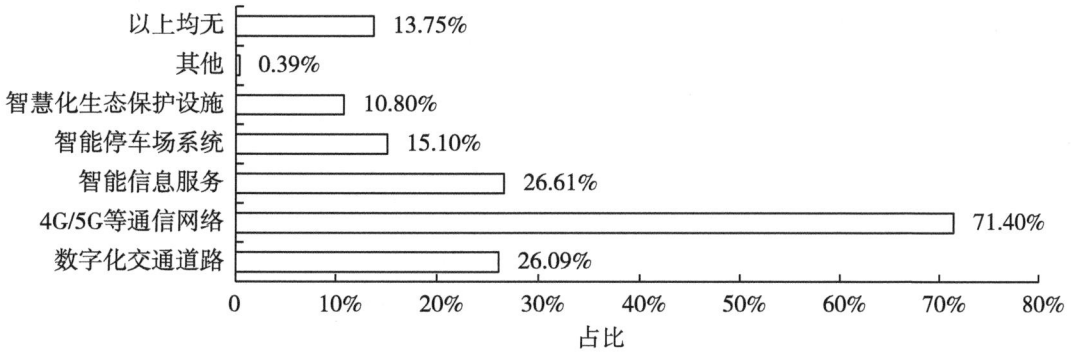

图 7-15 乡镇景区数字化基础设施情况

平台（图7-18）。1 556个受访农户表示互联网对乡村民宿、休闲农业和认养农业等新业态能够带来好处：59.45%的农户表示能够拓展宣传渠道；50.51%的农户表示能够增加收入；49.36%的农户表示能够增加客流量；39.65%的农户表示能够吸引年轻用户的关注；36.31%的农户表示能够提升经营管理效率（图7-19）。

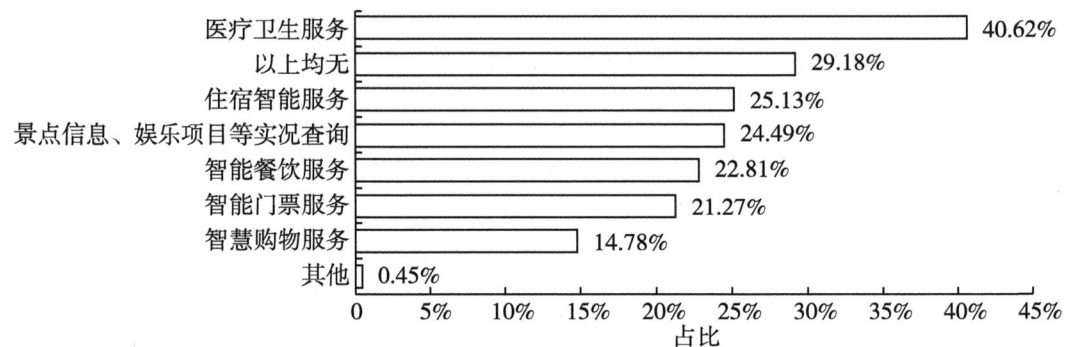

图7-16　乡镇景区信息化服务供给情况

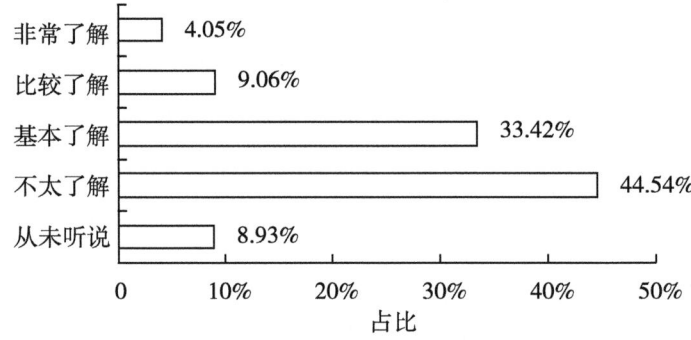

图7-17　农户对于互联网技术和信息化手段开展农业/乡村旅游的了解程度

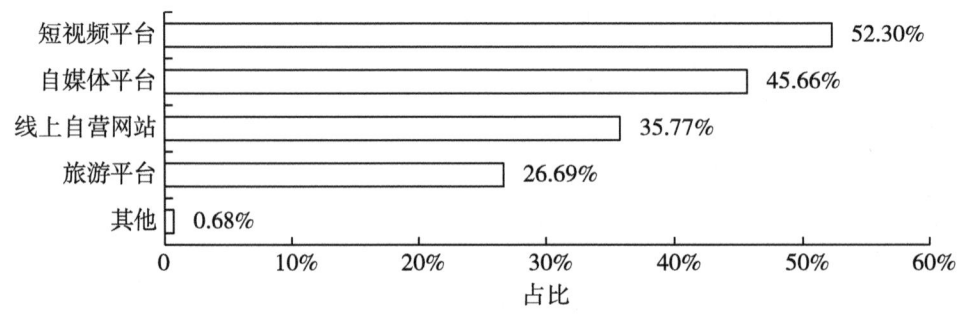

图7-18　农户休闲农业经营活动情况

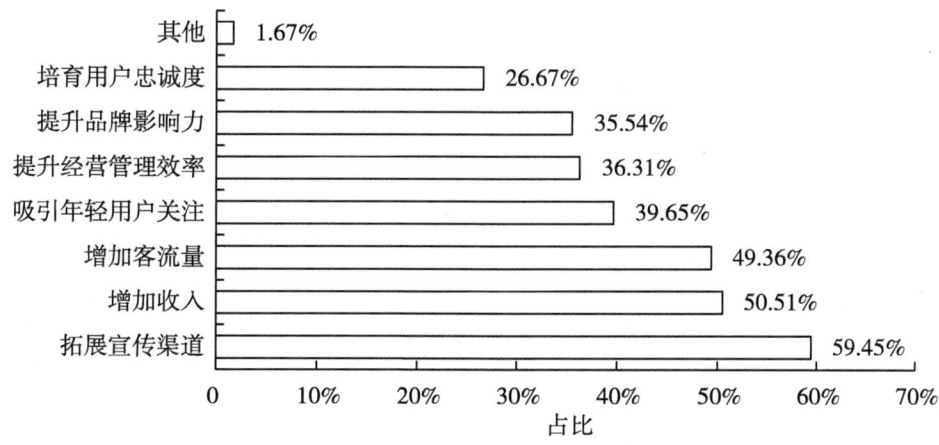

图 7-19　农户对乡村民宿、休闲农业和认养农业等新业态的感知

7.4.4　农村公共服务信息化情况

农村公共服务信息化情况主要对便民服务、教育、医疗、文化、卫生、社保等公共服务供给中信息化水平进行分析，包括一站式综合服务平台覆盖情况、益农信息社服务情况、益农信息社满意情况、未使用益农信息社办理过业务或不满意其服务原因、利用互联网技术或信息化手段开展便民服务情况、利用互联网技术或信息化手段获得公共教育服务情况、利用互联网技术或信息化手段获得医疗服务情况、利用互联网技术或信息化手段获得公共文化服务情况、利用互联网技术或信息化手段获得公共就业服务情况、利用互联网技术或信息化手段获得社保服务情况、利用互联网技术或信息化手段获得互联网政务服务情况 11 个指标。

一站式综合服务平台覆盖面不足，农户对于其了解程度有限。调查数据显示，有 27.44% 的农户表示不了解该平台，村庄中有一站式综合服务平台的农户占比 35.54%；在受访农户中，共有 1 147 个农户享受过村上或镇上的益农信息社提供的服务，服务类型主要以生活服务及农产品销售为主，其中，话费、水电费、保险费缴费服务占比为 38.62%；农产品、土特产销售信息发布占比为 37.53%；获悉乡村政策占比为 36.76%；代购农资产品和生活用品占比为 16.20%，其他服务占比为 0.51%（图 7-20）。在享受过益农信息社服务的受访农户中，对益农信息社的服务满意度均较高，其中，满意占 42.93%，一般占 54.62%，不满意占 2.44%。受访农户未使用益农信息社服务的原因主要是无专人服务或服务供给与需求之间不匹配，其中，43.81% 的农户表示无专人服务；34.86% 的农户表示没有需要的东西或服务；

6.19%的农户表示收费贵（图7-21）。

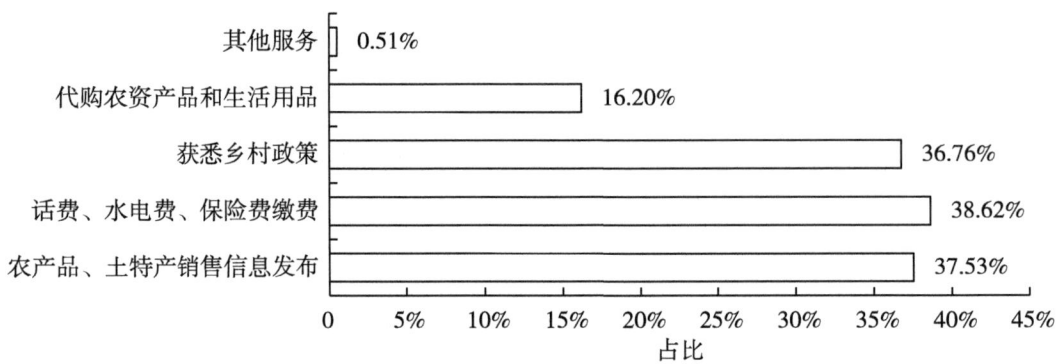

图 7-20 益农信息社服务情况

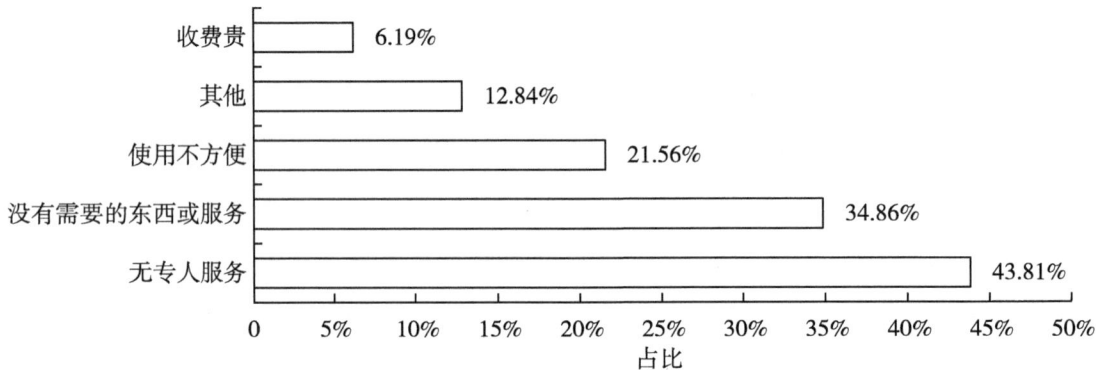

图 7-21 农户未使用益农信息社原因

在受访农户中，共有1 234个农户表示利用互联网技术或信息化手段享受了数字化便民服务，占受访农户总数的79.31%，其中，占比最高的服务为水电等生活服务费用代收代缴，占比为71.72%；普惠金融服务占比为40.68%；生活用品代购服务占比为39.06%；农产品代售服务占比为36.55%（图7-22）。

在受访农户中，共有1 216个农户表示利用网络技术和信息化手段获得过公共教育服务，占受访农户总数的78.15%，其中，获得过中小学远程教育服务的农户占比为44.74%；获得过线上技能培训的农户占比为43.34%；获得过线上免费讲堂服务的农户占比为40.87%；获得过在线学习教育平台服务的农户占比为39.06%；获得过农业科教资源网络下载服务的农户占比为22.70%；获得过线上职业教育培训服务的农户占比为21.13%；获得过沉浸式教学服务的农户占比为9.38%（图7-23）。

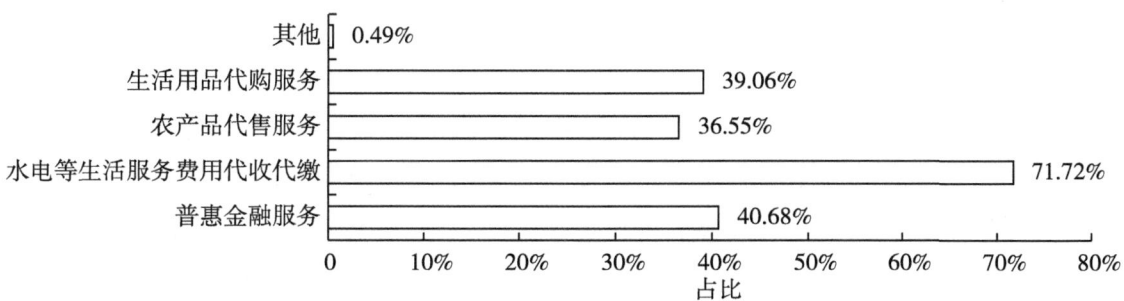

图 7-22　利用互联网技术或信息化手段开展便民服务情况

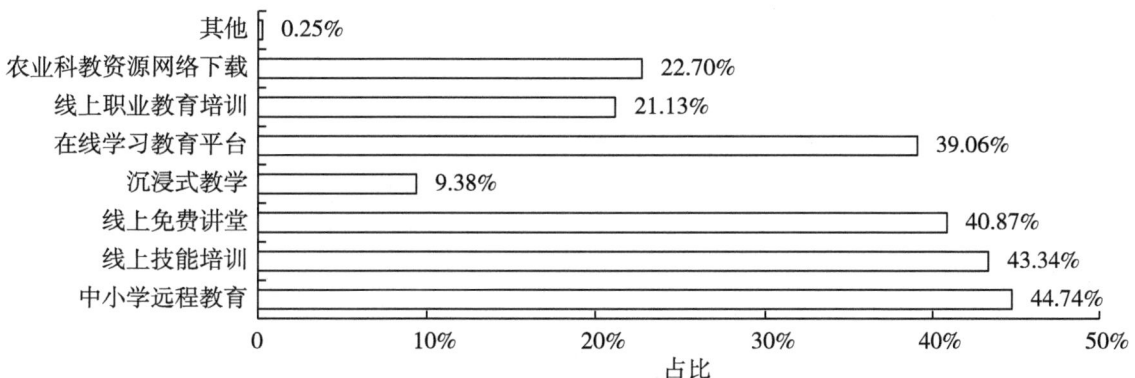

图 7-23　利用互联网技术或信息化手段获得公共教育服务情况

在受访农户中，共有 1 347 个农户表示利用互联网或信息化手段获得过医疗服务，占受访农户总数的 86.57%，其中，网上预约挂号治疗服务占比为 73.57%；疫情信息在线查询服务占比为 58.43%；网上健康咨询占比为 40.46%；网上查阅检验报告占比为 36.30%；网上购药占比为 32.15%（图 7-24）。

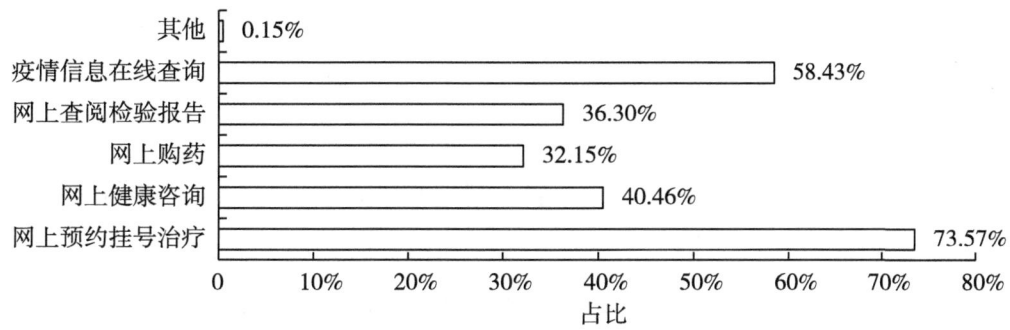

图 7-24　利用互联网技术或信息化手段获得医疗服务情况

在受访农户中，共有1 330个农户表示利用互联网或信息化手段获得过公共文化服务，占受访农户总数的85.48%。其中，网上读书、看报、看新闻占比为56.39%；线上观看免费的电影、电视剧、话剧、戏剧、音乐会等占比为51.58%；公共文化资讯网上浏览占比为50.90%；通过互联网技术或信息化手段在文化活动/场馆网上预订或报名占比为27.37%；通过数字图书馆获取公共文化服务占比为23.91%；线上观看非遗项目资讯、介绍或学习非遗技艺占比为15.41%；参与线上文艺演出、书画展览等占比为12.48%；享受数字文化馆服务占比为11.65%；享受数字科技馆服务占比为9.47%；享受数字展览馆服务占比为8.57%（图7-25）。

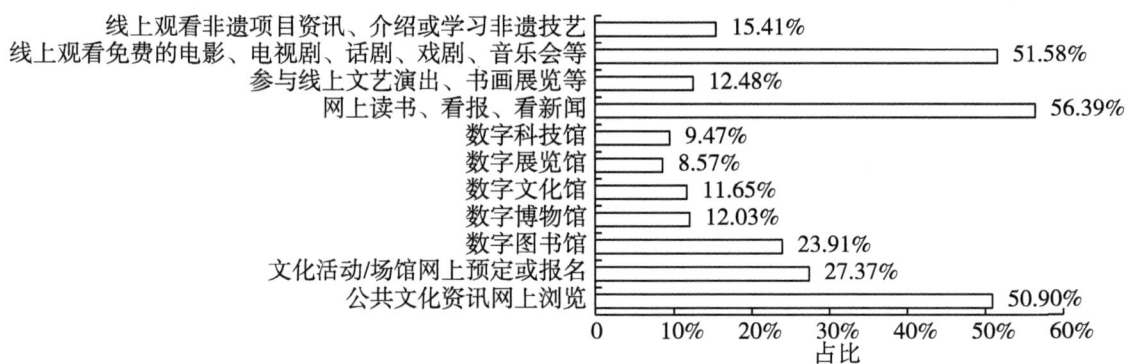

图7-25 利用互联网技术或信息化手段获得公共文化服务情况

在受访农户中，共有1 091个农户表示利用互联网或信息化手段获得过公共就业服务，占受访农户总数的70.12%。其中，获得求职招聘信息网上查阅服务占比为66.36%；网上职业培训占比为32.26%；获得就业创业政策网上咨询占比为27.86%；获得创业线上指导服务占比为24.38%；就业失业登记线上办理占比为23.56%；劳动仲裁在线受理占比为11.73%（图7-26）。

在受访农户中，共有1 295个农户表示利用互联网或信息化手段获得过社会保障服务，占受访农户总数的83.23%。其中，利用互联网技术和信息化手段进行个人社保权益查询占比72.59%；享受电子社保卡办理服务占比为56.60%；享受定点医疗网上办理服务占比为30.19%；享受跨地区医保结算服务占比为20.31%；享受网上社保关系转移服务占比为14.52%（图7-27）。

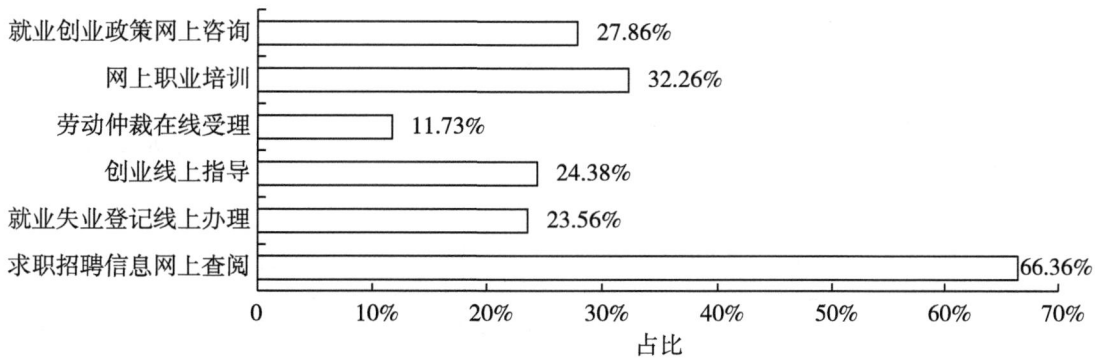

图 7-26 利用互联网技术或信息化手段获得公共就业服务情况

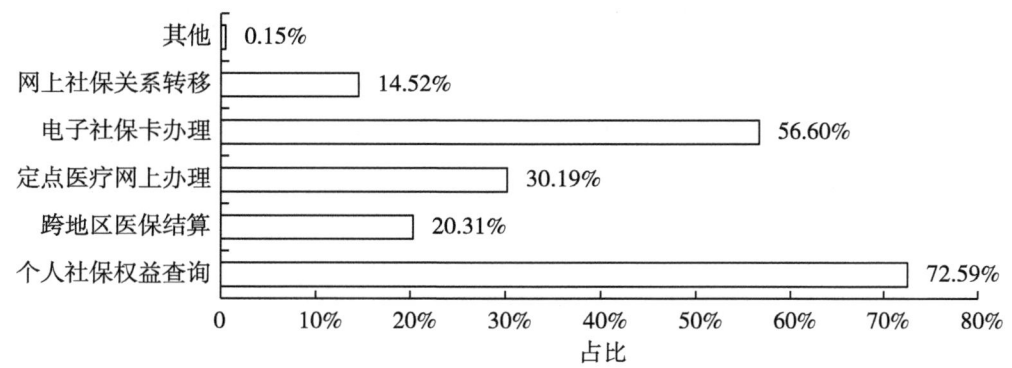

图 7-27 利用互联网技术或信息化手段获得社保服务情况

在受访农户中，共有 1 300 个农户表示利用互联网技术或信息化手段享受过政务服务，占受访农户总数的 83.55%。其中，利用互联网进行水电煤气费代缴占比为 67.23%；利用互联网进行身份证更新占比为 39.23%；利用互联网进行驾驶证更换占比为 30.85%；利用互联网办理各类补贴占比为 29.77%；利用互联网办理建房用地许可占比为 16.62%；利用互联网办理出入境护照占比为 15.15%；利用互联网进行入园登记占比为 11.85%；利用互联网进行诉讼服务占比为 9.31%；其他服务占比为 0.62%（图 7-28）。

7.4.5 数字乡村治理情况

数字乡村治理主要针对各主体参与乡村治理中使用信息化、数字化等智能设备情况，反映先进技术手段在基层治理中的适用情况，包括农户数字化治理参与情况、互联网法律服务情况、互联网德治情况、互联网乡村治安服务情况、利用互联网技术和信息化手段开展乡村自治情况 5 个指标。

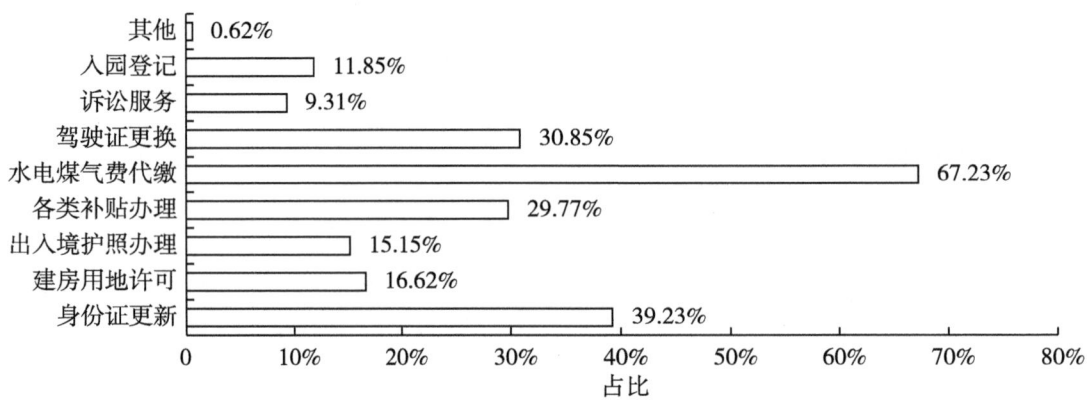

图 7-28 利用互联网技术或信息化手段获得互联网政务服务情况

在受访农户中，共有 1 023 个农户表示利用互联网技术或信息化手段参与了数字化治理，占受访农户总数的 65.75%。与其他类型数字化服务相比，农户参与程度相对较低，其中，进行网上选举投票占比为 49.07%；网上查询村务公开信息占比为 42.91%；利用互联网查询村党务公开信息占比为 30.30%；利用互联网查阅村财务公开信息占比为 29.33%；网上参加村重大事项讨论占比为 25.51%；网上进行村务监督占比为 22.48%；网上进行环境治理监督占比为 20.63%（图 7-29）。

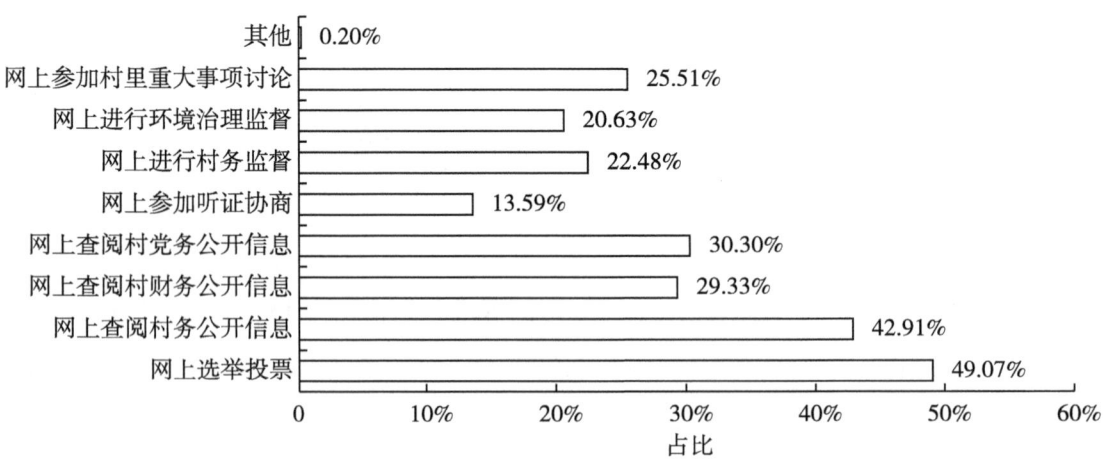

图 7-29 农户数字化治理参与情况

在受访农户中，共有 1 029 个农户表示利用互联网技术或信息化手段享受了法律服务，占受访农户总数的 66.13%。服务类型以法治宣传教育和法律咨询服务为主，其中，利用互联网技术或信息化手段进行法治宣传教育服务占比为 74.25%；

进行法律咨询服务占比为44.51%；进行矛盾纠纷调处化解占比为26.43%；享受法律援助服务占比为23.23%；进行公证服务占比为13.12%；享受律师服务占比为12.54%；进行司法鉴定和仲裁服务占比分别为8.84%和6.41%（图7-30）。

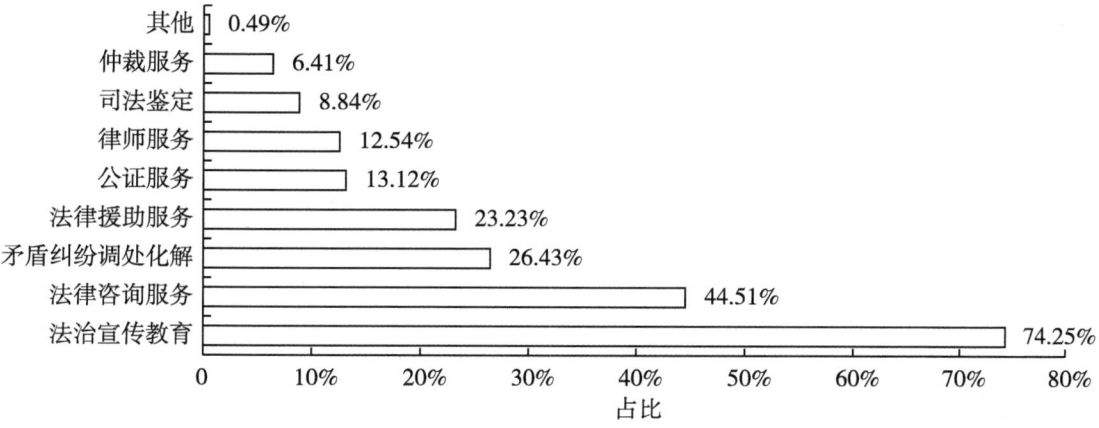

图7-30　互联网法律服务情况

在受访农户中，共有1 265个农户表示利用互联网技术或信息化手段享受了数字化德治服务，占受访农户总数的81.30%。数字化德治方式主要以传统美德与良好家风宣传及网络诈骗治理为主，占比分别为61.58%和40.79%；利用互联网进行村规民约监督占比为39.60%；"三农"题材网络文化内容制定与宣传占比为34.55%；移风易俗监督占比为29.33%；利用互联网进行青少年沉迷网络治理占比为28.30%；农村传统优秀文化宣传展示占比为24.58%；宗教政策宣传普及占比为23.87%；消极文化网络传播治理占比为15.34%（图7-31）。

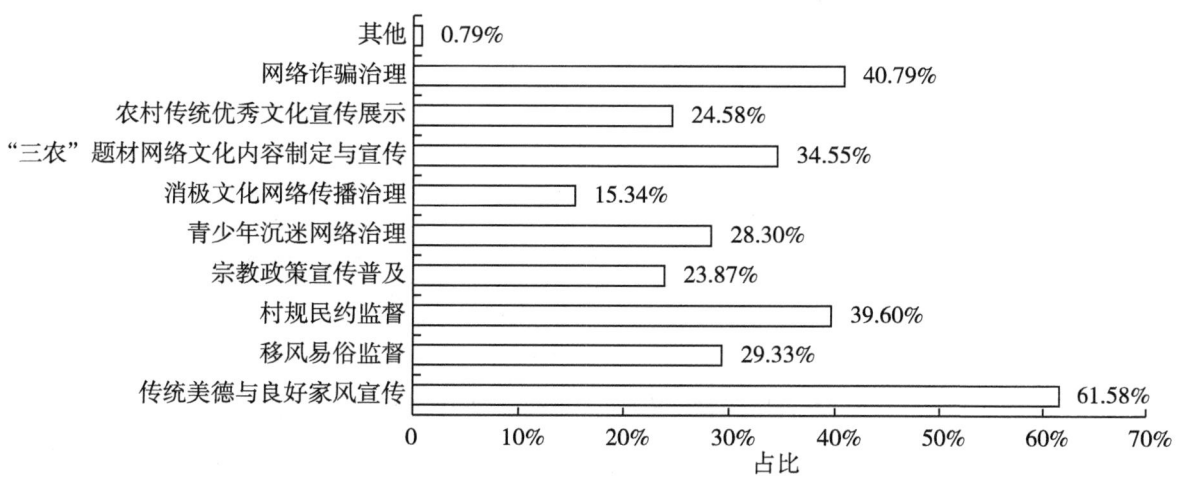

图7-31　互联网德治服务情况

在受访农户中，共有1 284个农户表示利用互联网技术或信息化手段享受了乡村治安服务，占受访农户总数的82.52%。其中，利用互联网发布疫病疫情信息占比为65.50%；利用互联网进行重大自然灾害信息预警占比为51.17%；利用互联网发布消防安全信息占比为42.06%；利用互联网发布食品药品安全信息占比为35.36%；利用互联网发布应急救护信息占比为32.17%；治安视频图像信息可视化占比为30.69%（图7-32）。

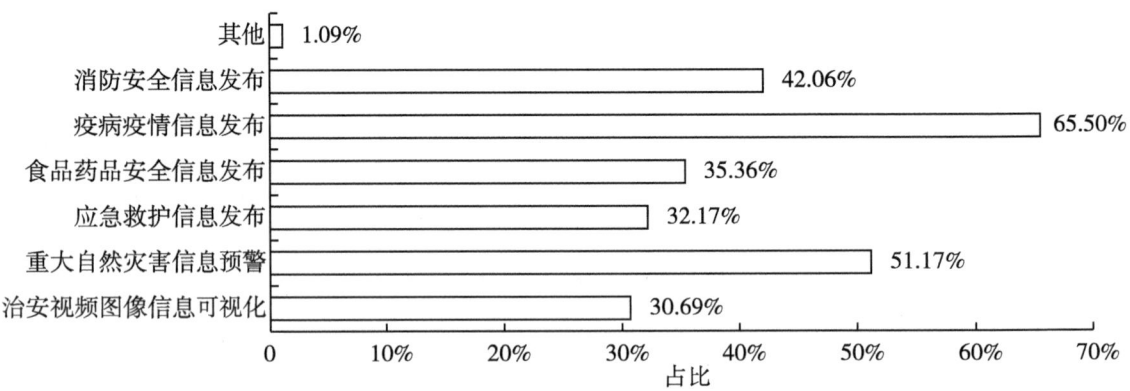

图7-32　互联网乡村治安服务情况

在受访农户中，共有1 085个农户表示利用互联网技术或信息化手段开展了乡村自治工作，占受访农户总数的69.73%。其中，民主选举和民主监督占比相对较高，分别达到68.66%和61.11%；民主管理占比为52.26%；民主决策占比为45.44%（图7-33）。

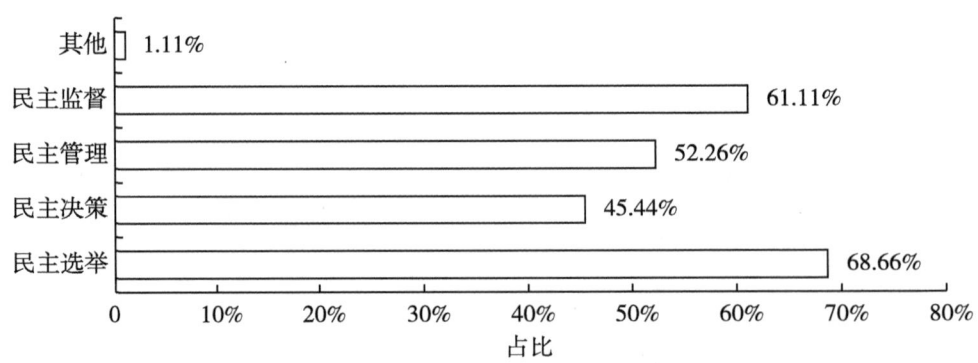

图7-33　利用互联网技术或信息化手段开展乡村自治情况

7.5 园区版问卷结果与分析

本次调研共涉及 68 个农业园区（详见附录 1），平均占地规模达到 5.6 万亩（图 7-34）。

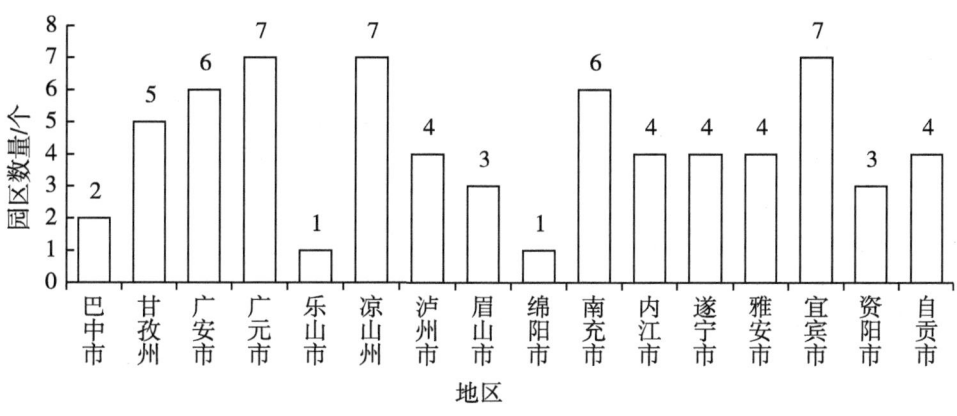

图 7-34 园区调研分布情况

7.5.1 数字设施设备

在调研的农业园区中，大部分园区均配备了农业物联网系统设备，其中气象环境监测和土壤环境监测设备最为普遍。装备了气象监测设备的园区为 57 个，占比为 83.82%；装备了土壤环境监测设备的园区为 51 个，占比为 75.00%；装备了病虫害监测设备、大田或设施内摄像监测设备和农产品质量可追溯系统的园区均为 46 个，占比为 67.65%；装备了农业设施内的控制设备的园区为 41 个，占比为 60.29%；装备了养殖环境监测设备和水环境监测设备的园区相对较少，分别为 18 个和 16 个，占比分别为 26.47% 和 23.53%（图 7-35）。在调研的农业园区内，共有 53 个园区的农业物联网设备发生过故障，占调研园区总数的 77.94%，故障率较高。处理办法主要为联系供应商进行检修，其中，在保修期内，联系农业物联网等数字化设备供应商进行检修的园区共 47 个，占比为 88.67%；在保修期外，花钱请专业人员检修的园区共 22 个，占比为 41.50%；配备有数字化设备维保检修专业人员的园区有 11 个，占比为 20.75%（图 7-36）。

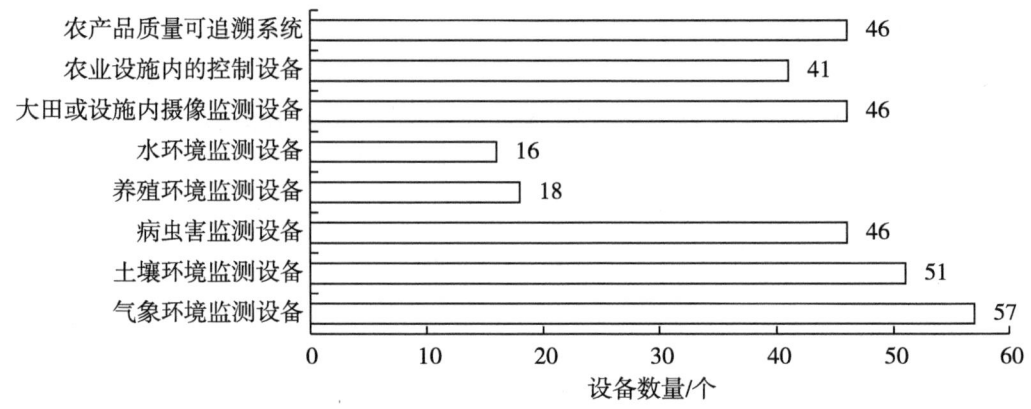

图 7-35 园区农业物联网系统设备情况

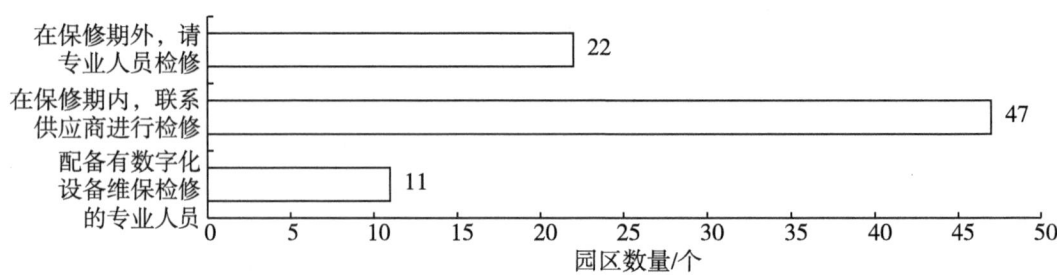

图 7-36 园区农业物联网设备故障后处理情况

7.5.2 数据管理应用

在调研的园区中，建立了涉农大数据管理平台的园区仅有 33 个，占调研园区的 48.53%；根据自身的生产经营特色建立了涉农大数据采集标准体系的园区也仅有 27 个，占调研园区总数的 39.71%；有 31 个园区建立了大数据管理、数据安全及交易方面的规章制度，占调研园区总数的 45.59%；有 34 个园区实现了园区内大数据共享，占调研园区总数的 50.50%（图 7-37）。调研中发现，一半以上的园区均未建立大数据管理平台、规章制度及采集标准体系，说明在数字乡村建设中，农业园区涉农大数据管理还有待加强。在调研的园区中，有 57 个园区将数据分析后再应用到了生产管理，占调研园区总数的 83.82%。其中，应用到大田粮油作物种植的园区有 20 个，占调研园区总数的 29.41%；应用到大田经济作物种植的园区有 35 个，占调研园区总数的 51.47%；应用到设施园艺栽培的园区有 13 个，占调研园区总数的 19.12%；应用到设施畜禽养殖的园区有 17 个，占调研园区总数的 25%；

应用到水产养殖的园区有 4 个，占调研园区总数的 5.88%；应用到农产品冷链仓储物流的园区有 21 个，占调研园区总数的 30.88%（图 7-38）。

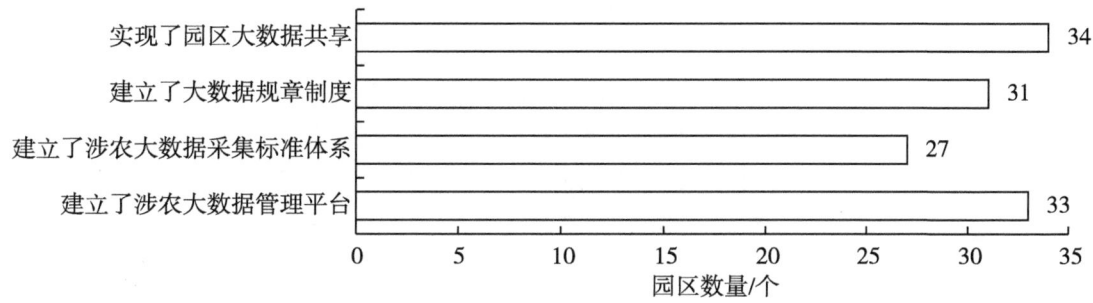

图 7-37 园区大数据管理情况

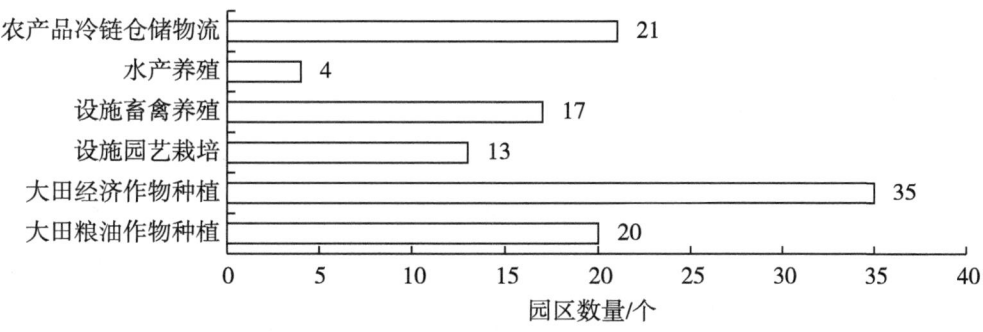

图 7-38 园区数据应用领域

7.5.3 主要限制因素

在调研的园区中，限制园区数字化建设或转型升级的主要原因是缺乏资金和专业技术人才，其中认为缺乏足够项目资金支持的园区有 53 个，占比为 77.94%。在调研的 68 个园区中，近三年在农业数字化建设中的专项资金投入达到 1.01 亿元，平均每个园区投入资金达到 151.01 万元。建成数字化设施设备后运营维护投入资金达到 607.3 万元，平均每个园区投入资金 8.93 万元。认为缺乏数字农业园区建设和管理标准的园区有 34 个，占比为 50.00%；认为数字化建设成本过高的园区有 43 个，占比为 63.24%；认为后期运营维护成本过高的园区有 40 个，占比为 58.82%；认为缺乏专职专业的数字农业技术人员或队伍的园区有 58 个，占比达到 85.29%；认为缺乏涉农大数据应用场景的园区有 15 个，占比为 22.06%；认为缺乏涉农大数据共享互通机制的园区有 27 个，占比为 39.71%；认为缺乏与园区产业相适应的农业生产管理智能控制技术的园区有 35 个，占比为 51.47%（图 7-39）。

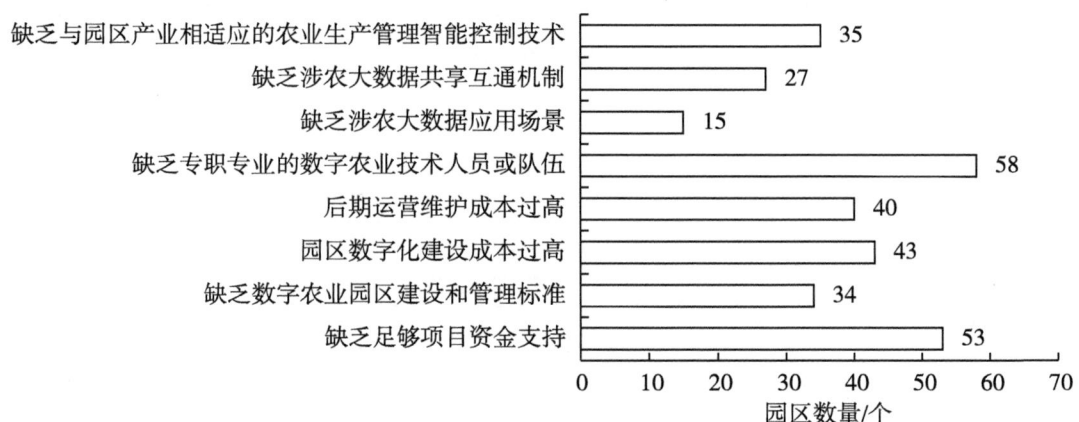

图 7-39 限制园区数字化建设或转型升级的原因

7.5.4 亟须支持政策

在调研的园区中,所有园区均希望在开展数字技术应用中得到一定支持,其中,希望得到持续专项资金支持的园区为 66 个,占比达到 97.06%;希望园区有数字职能部门人员编制的有 47 个,占比为 69.12%;希望有乡村数字化技术应用场景的园区有 20 个,占比为 29.41%;希望能享受非本园区的涉农大数据共享应用的园区有 24 个,占比为 35.29%;希望有定期数字化技术应用培训的园区有 46 个,占比为 67.65%(图 7-40)。

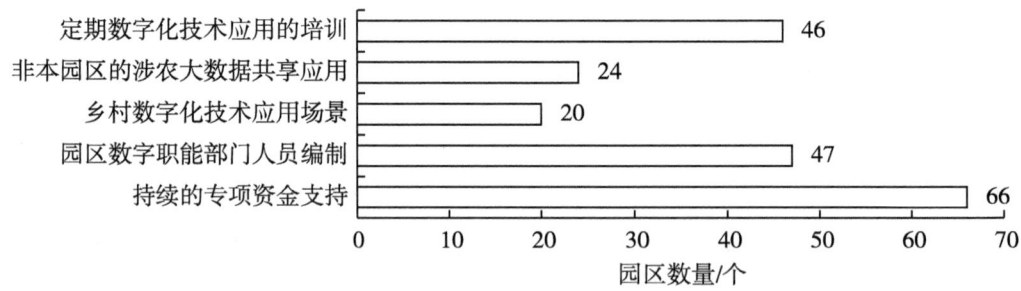

图 7-40 园区数字化建设中最需要的支持政策

7.6 定量评价结果与分析

7.6.1 乡村数字环境与基础维度

乡村数字环境与基础维度主要以乡村人均数字化财政投入、乡村人均数字化社会投入、(农村)家庭宽带入户率、农村互联网普及率、乡村信息服务就业人员比重、县级农业农村信息化管理服务机构综合设置情况作为评价依据。

从五大经济区综合得分来看，排名依次是成都平原经济区、川东北经济区、川南经济区、攀西经济区和川西北生态经济区，省内排名前10位的市（州）分别是成都市、雅安市、攀枝花市、眉山市、广元市、德阳市、广安市、宜宾市、内江市和阿坝州（表7-2，图7-41，图7-42）。通过具体比较乡村数字环境与基础的6项指标，在乡村人均数字化财政投入方面，成都、雅安和阿坝州列居前3位，绵阳、资阳和遂宁处于落后位置；在乡村人均数字化社会投入方面，攀枝花、成都和眉山列居前3位，南充、资阳和遂宁排名靠后；在农村家庭宽带入户率方面，雅安、眉山和遂宁列居前3位，而乐山、达州和凉山州处于落后位置；在农村互联网普及率方面，自贡、德阳和广元列居前3位，而资阳、甘孜州和凉山州处于落后位置；在乡村信息服务人员就业人员比重方面，成都、绵阳和内江列居前3位，而泸州、自贡和甘孜州居于末3位；对于县级农业农村信息化管理服务机构综合设置情况，资阳、广元和内江列居前3位，而甘孜州、达州、自贡处于末3位（表7-2）。

表7-2 四川省五大经济区与21个市（州）乡村数字环境与基础维度测评得分情况

五大经济区	市（州）	乡村人均数字化财政投入	乡村人均数字化社会投入	农村家庭宽带入户率	农村互联网普及率	乡村信息服务人员就业人员比重	县级农业农村信息化管理服务机构综合设置情况	综合得分
成都平原经济区	成都市	1.000 0	0.788 6	0.772 3	0.805 8	1.000 0	0.569 2	0.822 6
	德阳市	0.050 7	0.228 5	0.751 5	0.954 8	0.303 1	0.538 5	0.471 2
	绵阳市	0.011 5	0.083 1	0.711 0	0.393 4	0.458 9	0.487 2	0.357 5
	乐山市	0.102 5	0.179 7	0.333 4	0.400 6	0.211 7	0.496 5	0.287 4
	眉山市	0.091 1	0.512 1	0.923 5	0.523 3	0.055 1	0.769 2	0.479 1
	资阳市	0.000 2	0.013 5	0.375 2	0.318 8	0.317 5	1.000 0	0.337 5
	遂宁市	0.000 0	0.000 0	0.821 2	0.738 9	0.060 2	0.538 5	0.359 8
	雅安市	0.450 6	0.453 2	1.000 0	0.691 6	0.211 4	0.480 8	0.547 9
川南经济区	自贡市	0.028 8	0.268 9	0.692 3	1.000 0	0.030 6	0.000 0	0.336 8
	泸州市	0.017 9	0.152 3	0.538 9	0.668 2	0.041 4	0.340 7	0.293 3
	内江市	0.020 2	0.067 2	0.652 7	0.348 3	0.410 0	0.907 7	0.401 0
	宜宾市	0.026 6	0.466 2	0.521 9	0.663 3	0.176 0	0.630 8	0.414 1

（续表）

五大经济区	市（州）	乡村人均数字化财政投入	乡村人均数字化社会投入	农村家庭宽带入户率	农村互联网普及率	乡村信息服务人员就业人员比重	县级农业农村信息化管理服务机构综合设置情况	综合得分
川东北经济区	广安市	0.069 6	0.123 2	0.492 6	0.790 7	0.238 0	0.846 2	0.426 7
	广元市	0.072 4	0.168 1	0.610 6	0.814 1	0.263 5	0.934 1	0.477 1
	巴中市	0.013 2	0.149 0	0.481 2	0.391 4	0.316 5	0.630 8	0.330 3
	南充市	0.103 1	0.031 2	0.666 2	0.613 2	0.155 9	0.743 6	0.385 5
	达州市	0.052 2	0.131 5	0.297 4	0.366 5	0.264 2	0.274 7	0.231 1
川西北生态经济区	阿坝州	0.243 2	0.080 9	0.731 0	0.471 6	0.396 3	0.432 0	0.392 5
	甘孜州	0.157 0	0.085 6	0.544 6	0.167 2	0.000 0	0.307 7	0.210 3
攀西经济区	攀枝花市	0.071 0	1.000 0	0.407 8	0.704 7	0.097 2	0.846 2	0.521 1
	凉山州	0.021 9	0.101 7	0.000 0	0.000 0	0.177 5	0.511 3	0.135 4

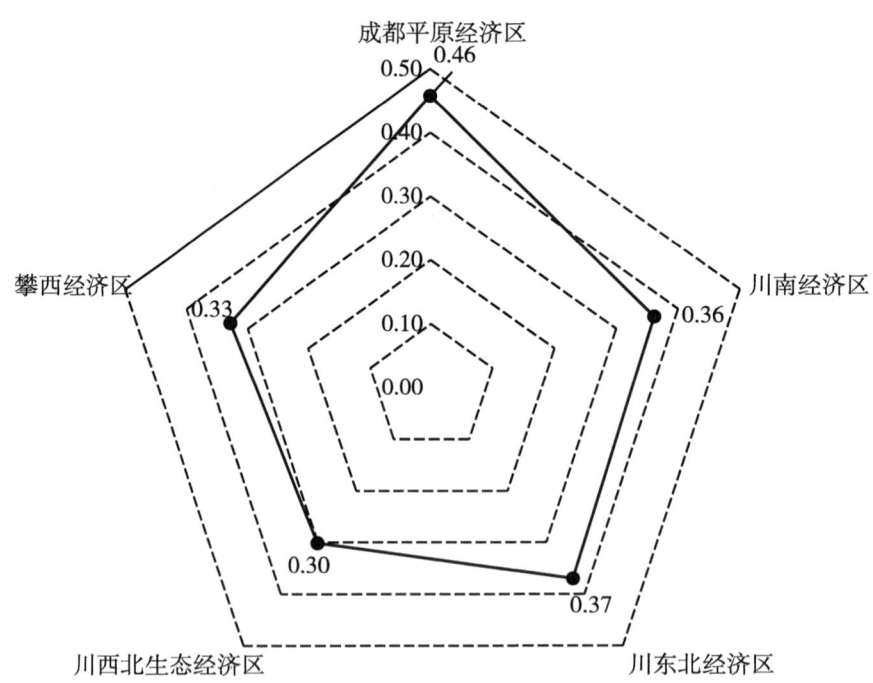

图 7-41 四川省五大经济区乡村数字环境与基础维度得分雷达图示

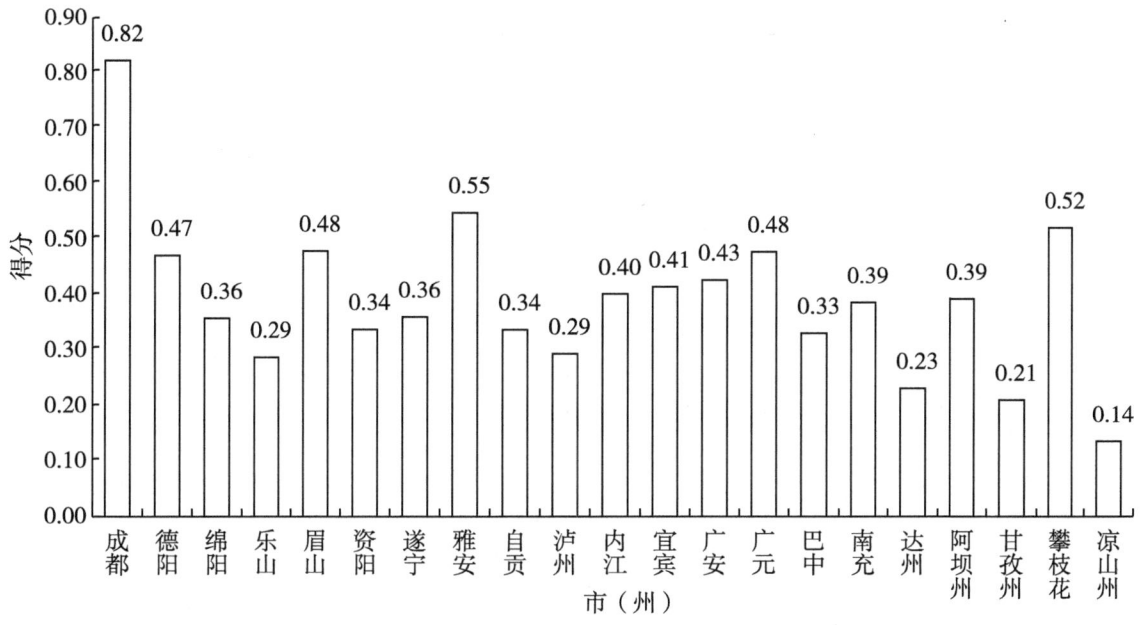

图 7-42 四川省 21 个市（州）乡村数字环境与基础维度得分情况

7.6.2 农业生产数字化维度

农业生产数字化维度下设大田种植数字化水平、农机信息化水平、设施栽培数字化水平、畜禽养殖数字化水平、水产养殖数字化水平、实施数字化设施设备补贴 6 项二级指标。

从五大经济区综合得分来看，排名依次是成都平原经济区、川东北经济区、川南经济区、攀西经济区和川西北生态经济区，省内排名前 10 位的市（州）分别是眉山市、绵阳市、广元市、南充市、达州市、资阳市、成都市、乐山市、遂宁市和内江市（表 7-3，图 7-43，图 7-44）。通过具体比较农业生产数字化维度的 6 项指标，在大田种植数字化水平方面，眉山、南充和乐山列居前 3 位，泸州、巴中和甘孜州处于落后位置；在农机信息化水平方面，南充、绵阳和成都列居前 3 位，宜宾、巴中和甘孜州处于落后位置；在设施栽培数字化水平方面，广元、乐山和雅安列居前 3 位，而甘孜州、泸州和攀枝花处于落后位置；在畜禽养殖数字化水平方面，眉山、资阳和广安列居前 3 位，而巴中、凉山州和甘孜州处于落后位置；在水产养殖数字化水平方面，资阳、绵阳和广安列居前 3 位，而攀枝花、泸州和甘孜州居于末 3 位；对于实施数字化设施设备补贴方面，绵阳、广元和眉山列居前 3 位，而乐山、自贡和广安则居于末 3 位（表 7-3）。

表 7-3　四川省五大经济区与 21 个市（州）农业生产数字化维度测评得分情况

五大经济区	市（州）	大田种植数字化水平	农机信息化水平	设施栽培数字化水平	畜禽养殖数字化水平	水产养殖数字化水平	实施数字化设施设备补贴	综合得分
成都平原经济区	成都市	0.745 0	0.748 3	0.546 3	0.519 8	0.702 4	0.595 6	0.642 9
	德阳市	0.341 8	0.530 5	0.506 9	0.346 7	0.194 9	0.562 5	0.413 9
	绵阳市	0.610 4	0.808 6	0.468 5	0.856 7	0.982 2	1.000 0	0.787 7
	乐山市	0.801 4	0.700 6	0.869 1	0.537 1	0.691 8	0.204 5	0.634 1
	眉山市	1.000 0	0.711 0	0.673 8	1.000 0	0.854 1	0.937 5	0.862 7
	资阳市	0.773 7	0.354 3	0.453 2	0.913 5	1.000 0	0.375 0	0.644 9
	遂宁市	0.520 9	0.735 5	0.667 4	0.468 5	0.363 8	0.900 0	0.609 3
	雅安市	0.299 8	0.385 2	0.679 5	0.623 2	0.754 0	0.421 9	0.527 4
川南经济区	自贡市	0.429 3	0.306 5	0.452 6	0.691 6	0.294 2	0.000 0	0.362 3
	泸州市	0.169 7	0.273 2	0.163 9	0.483 4	0.102 5	0.803 6	0.332 7
	内江市	0.452 0	0.741 2	0.524 5	0.441 1	0.363 6	0.675 0	0.532 9
	宜宾市	0.179 5	0.047 2	0.457 5	0.479 7	0.193 3	0.450 0	0.301 2
川东北经济区	广安市	0.581 1	0.206 7	0.593 8	0.906 5	0.862 7	0.000 0	0.525 1
	广元市	0.577 2	0.435 8	1.000 0	0.583 0	0.694 3	0.964 3	0.709 1
	巴中市	0.022 0	0.006 3	0.507 3	0.209 8	0.137 5	0.675 0	0.259 7
	南充市	0.911 3	1.000 0	0.391 9	0.633 4	0.765 3	0.500 0	0.700 4
	达州市	0.749 8	0.611 7	0.615 3	0.901 4	0.651 6	0.642 9	0.695 4
川西北生态经济区	阿坝州	0.394 2	0.546 0	0.486 4	0.457 3	0.161 5	0.259 6	0.384 1
	甘孜州	0.000 0	0.000 0	0.316 2	0.000 0	0.000 0	0.375 0	0.115 2
攀西经济区	攀枝花市	0.232 5	0.075 4	0.000 0	0.572 5	0.128 7	0.375 0	0.230 7
	凉山州	0.183 6	0.104 8	0.447 7	0.138 2	0.197 3	0.264 7	0.222 8

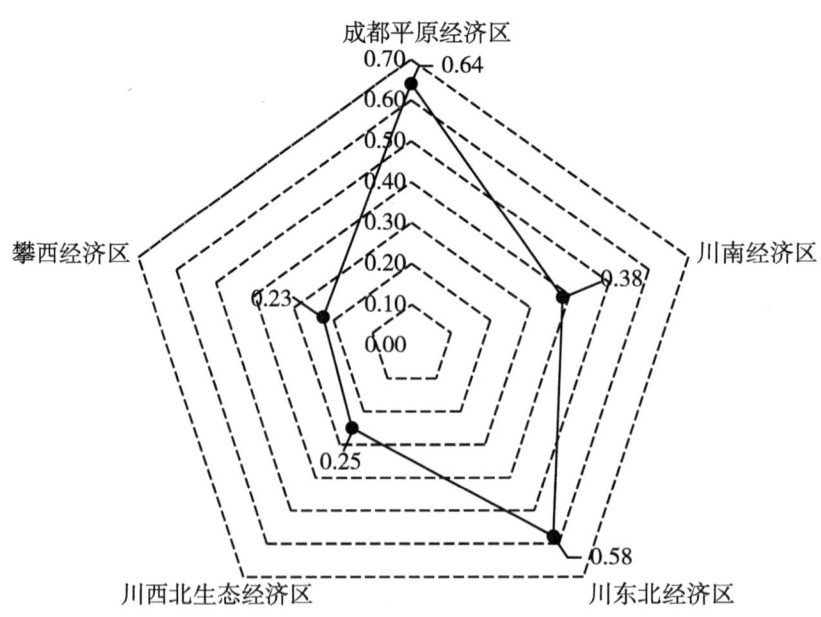

图 7-43　四川省五大经济区农业生产数字化维度得分雷达图示

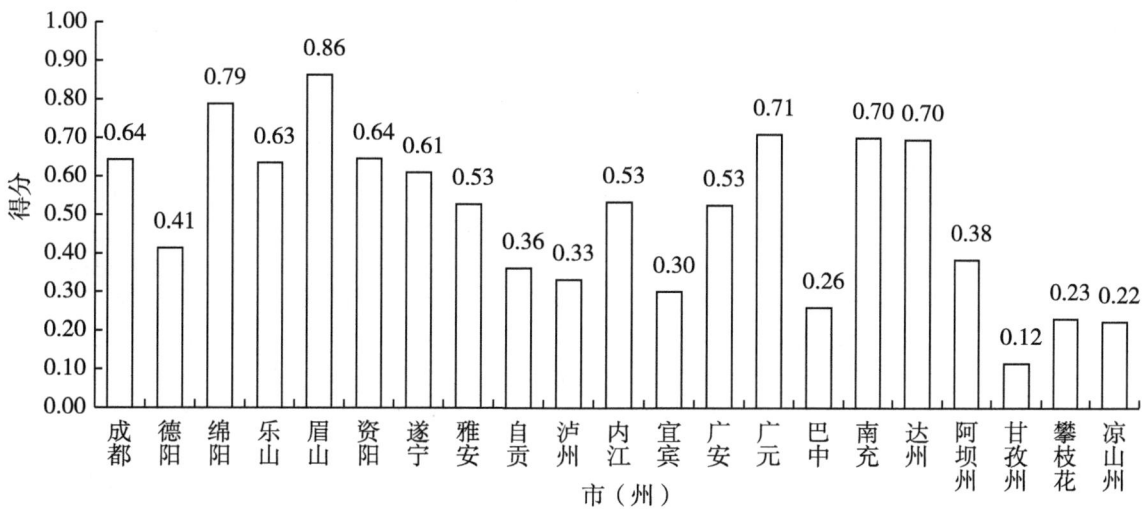

图 7-44 四川省 21 个市（州）农业生产数字化维度得分情况

7.6.3 乡村产业经营数字化维度

乡村产业经营数字化主要包含农村电商服务站覆盖率、农旅智慧景区发展水平、电商服务满意度、农旅融合发展水平、农产品网络零售额占比、农产品质量安全追溯信息化水平 6 个二级指标。

从五大经济区综合得分来看，排名依次是成都平原经济区、川东北经济区、川南经济区、川西北生态经济区和攀西经济区，省内排名前 10 位的市（州）分别是眉山市、成都市、内江市、宜宾市、绵阳市、遂宁市、雅安市、广元市、乐山市、泸州市（表 7-4，图 7-45，图 7-46）。通过具体比较乡村产业经营数字化维度的 6 项指标，在农村电商服务站覆盖率方面，泸州、巴中和广元列居前 3 位，达州、凉山州及甘孜州处于落后位置；在农旅智慧景区发展水平方面，成都、广安和内江列居前 3 位，凉山州、南充和遂宁处于落后位置；在电商服务满意度方面，眉山、宜宾和南充列居前 3 位，而资阳、凉山州和广安处于垫底位置；在农旅融合发展水平方面，泸州、资阳和眉山列居前 3 位，而攀枝花、凉山州和广安处于落后位置；在农产品网络零售额占比方面，雅安、攀枝花和眉山列居前 3 位，而巴中、德阳和南充位居末 3 位；在农产品质量安全追溯信息化水平方面，南充、遂宁和成都列居前 3 位，而甘孜州、凉山州和泸州则位居末 3 位（表 7-4）。

表 7-4 四川省五大经济区与 21 个市（州）乡村产业经营数字化维度测评得分情况

五大经济区	市（州）	农村电商服务站覆盖率	农旅智慧景区发展水平	电商服务满意度	农旅融合发展水平	农产品网络零售额占比	农产品质量安全追溯信息化水平	综合得分
成都平原经济区	成都市	0.750 9	1.000 0	0.622 4	0.873 3	0.713 2	0.857 8	0.802 9
	德阳市	0.661 0	0.554 2	0.787 5	0.416 6	0.018 4	0.782 8	0.536 8
	绵阳市	0.919 8	0.703 2	0.517 8	0.721 3	0.284 9	0.355 2	0.583 7
	乐山市	0.828 8	0.380 7	0.511 1	0.515 1	0.517 5	0.657 9	0.568 5
	眉山市	0.909 5	0.543 2	1.000 0	0.900 9	0.833 0	0.700 0	0.814 4
	资阳市	0.729 4	0.477 8	0.000 0	0.938 2	0.721 6	0.240 7	0.517 9
	遂宁市	0.577 8	0.172 5	0.729 7	0.822 1	0.202 8	0.968 9	0.579 0
	雅安市	0.531 9	0.278 5	0.358 0	0.709 0	1.000 0	0.581 4	0.576 5
川南经济区	自贡市	0.702 2	0.477 8	0.794 9	0.347 1	0.138 6	0.386 5	0.474 5
	泸州市	1.000 0	0.247 2	0.720 9	1.000 0	0.161 3	0.152 5	0.547 0
	内江市	0.923 4	0.826 7	0.692 4	0.410 4	0.821 7	0.506 2	0.696 8
	宜宾市	0.706 1	0.447 3	0.952 7	0.692 2	0.509 0	0.355 0	0.610 5
川东北经济区	广安市	0.719 7	0.914 0	0.051 6	0.239 8	0.349 5	0.603 9	0.479 8
	广元市	0.930 4	0.667 9	0.395 8	0.631 0	0.459 1	0.342 7	0.571 1
	巴中市	1.000 0	0.499 6	0.401 4	0.509 8	0.000 0	0.407 2	0.469 7
	南充市	0.597 6	0.157 9	0.813 2	0.533 9	0.075 0	1.000 0	0.529 6
	达州市	0.000 0	0.321 5	0.624 4	0.673 0	0.308 4	0.576 7	0.417 3
川西北生态经济区	阿坝州	0.372 6	0.482 5	0.390 9	0.828 3	0.699 2	0.352 2	0.520 9
	甘孜州	0.347 8	0.274 3	0.204 1	0.255 5	0.693 2	0.000 0	0.295 8
攀西经济区	攀枝花市	0.838 8	0.216 0	0.231 7	0.000 0	0.991 4	0.299 0	0.429 5
	凉山州	0.089 3	0.000 0	0.051 0	0.197 6	0.584 9	0.145 4	0.178 0

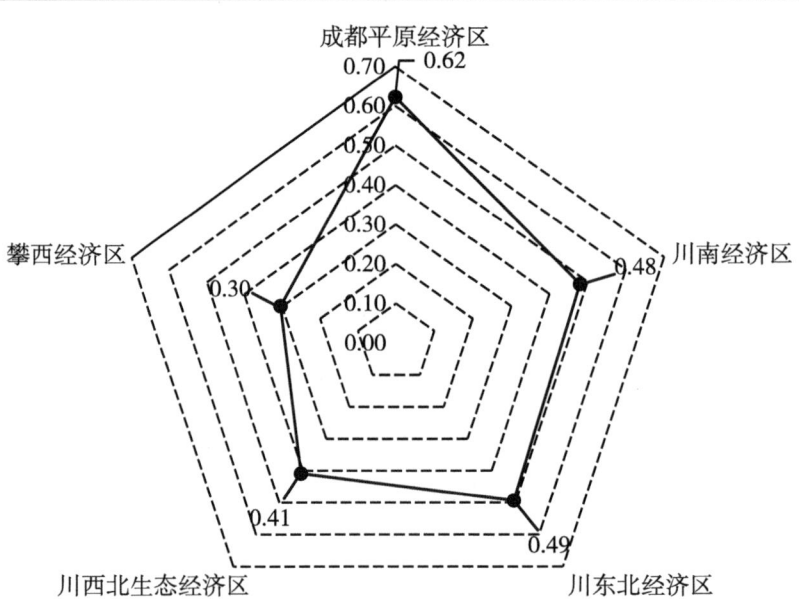

图 7-45 四川省五大经济区乡村产业经营数字化维度得分雷达图示

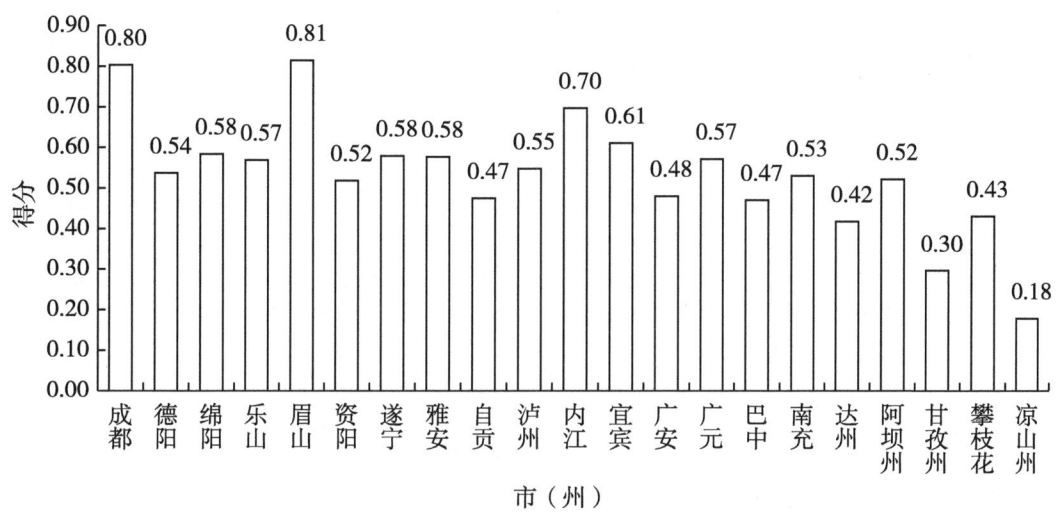

图 7-46 四川省 21 个市（州）乡村产业经营数字化维度得分情况

7.6.4 乡村治理数字化维度

乡村治理数字化维度下设村党务公开信息化应用水平、村务公开信息化应用水平、村财务公开信息化应用水平、"雪亮"行政村覆盖率、"法治乡村"普及程度 5 项二级指标。

从五大经济区综合得分来看，排名依次为成都平原经济区、川南经济区、川东北经济区、川西北生态经济区和攀西经济区，省内排名前 10 位的市（州）分别是巴中市、眉山市、成都市、攀枝花市、广元市、宜宾市、泸州市、内江市、遂宁市、雅安市（表 7-5，图 7-47，图 7-48）。通过具体比较乡村治理数字化维度的 5 项指标，在村党务公开信息化应用水平方面，广元、巴中和攀枝花列居前 3 位，自贡、凉山州及绵阳处于落后位置；在村务公开信息化应用水平方面，广元、巴中和攀枝花列居前 3 位，自贡、凉山州及甘孜州处于落后位置；在村财务公开信息化应用水平方面，广元、巴中和攀枝花列居前 3 位，而自贡、凉山州和广安处于落后位置；在"雪亮"行政村覆盖率方面，资阳、遂宁、泸州、广元和巴中位居前列，而凉山州、达州和阿坝州位居末 3 位；在"法治乡村"普及程度方面，雅安、眉山和南充列居前 3 位，而广安、凉山州和甘孜州位居末 3 位（表 7-5）。

表 7-5　四川省五大经济区与 21 个市（州）乡村治理数字化维度测评得分情况

五大经济区	市（州）	村党务公开信息化应用水平	村务公开信息化应用水平	村财务公开信息化应用水平	"雪亮"行政村覆盖率	"法治乡村"普及程度	综合得分
成都平原经济区	成都市	0.900 4	0.899 5	0.980 3	0.927 6	0.740 7	0.889 7
	德阳市	0.572 3	0.572 3	0.577 3	0.640 8	0.357 7	0.544 1
	绵阳市	0.318 2	0.500 0	0.502 9	0.580 4	0.554 2	0.491 1
	乐山市	0.706 2	0.706 2	0.565 0	0.901 5	0.247 2	0.625 2
	眉山市	0.927 8	0.927 8	0.928 6	0.776 9	0.888 1	0.889 8
	资阳市	0.517 9	0.494 1	0.545 5	1.000 0	0.515 0	0.614 5
	遂宁市	0.702 6	0.702 6	0.720 7	1.000 0	0.690 2	0.763 2
	雅安市	0.573 0	0.573 0	0.578 0	0.935 8	1.000 0	0.732 0
川南经济区	自贡市	0.000 0	0.000 0	0.000 0	0.968 9	0.596 5	0.313 1
	泸州市	0.866 7	0.866 7	0.868 3	1.000 0	0.533 2	0.827 0
	内江市	0.882 8	0.882 8	0.884 2	0.914 7	0.333 6	0.779 6
	宜宾市	0.947 9	0.947 9	0.948 5	0.783 5	0.534 5	0.832 5
川东北经济区	广安市	0.357 6	0.463 4	0.224 7	0.681 4	0.000 0	0.345 4
	广元市	1.000 0	1.000 0	1.000 0	1.000 0	0.238 0	0.847 6
	巴中市	1.000 0	1.000 0	1.000 0	1.000 0	0.460 6	0.892 1
	南充市	0.642 3	0.642 3	0.646 5	0.677 3	0.753 6	0.672 4
	达州市	0.450 7	0.399 4	0.375 5	0.467 0	0.383 8	0.415 3
川西北生态经济区	阿坝州	0.577 8	0.577 8	0.582 7	0.483 0	0.350 7	0.514 4
	甘孜州	0.322 9	0.322 9	0.330 8	0.874 1	0.160 8	0.402 3
攀西经济区	攀枝花市	1.000 0	1.000 0	1.000 0	0.911 9	0.411 5	0.864 7
	凉山州	0.119 1	0.068 9	0.067 6	0.000 0	0.121 9	0.075 5

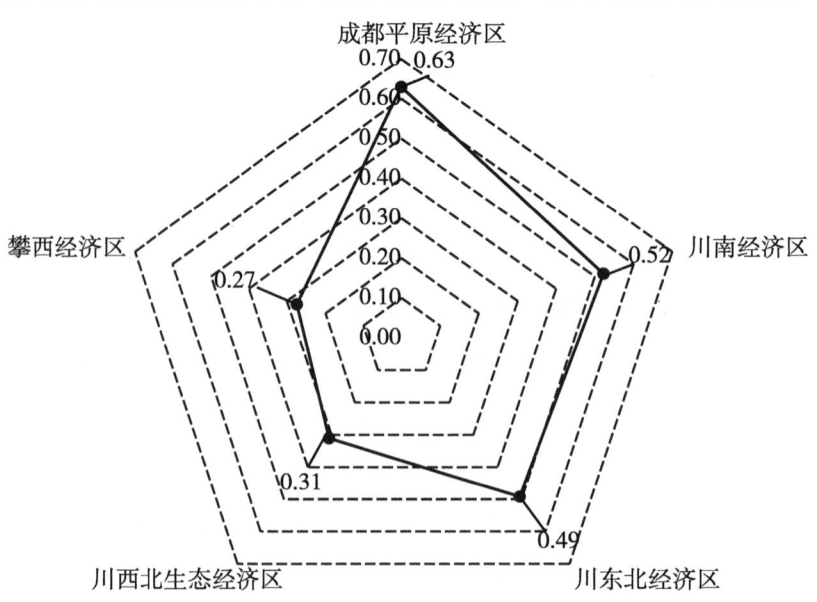

图 7-47　四川省五大经济区乡村治理数字化维度得分雷达图示

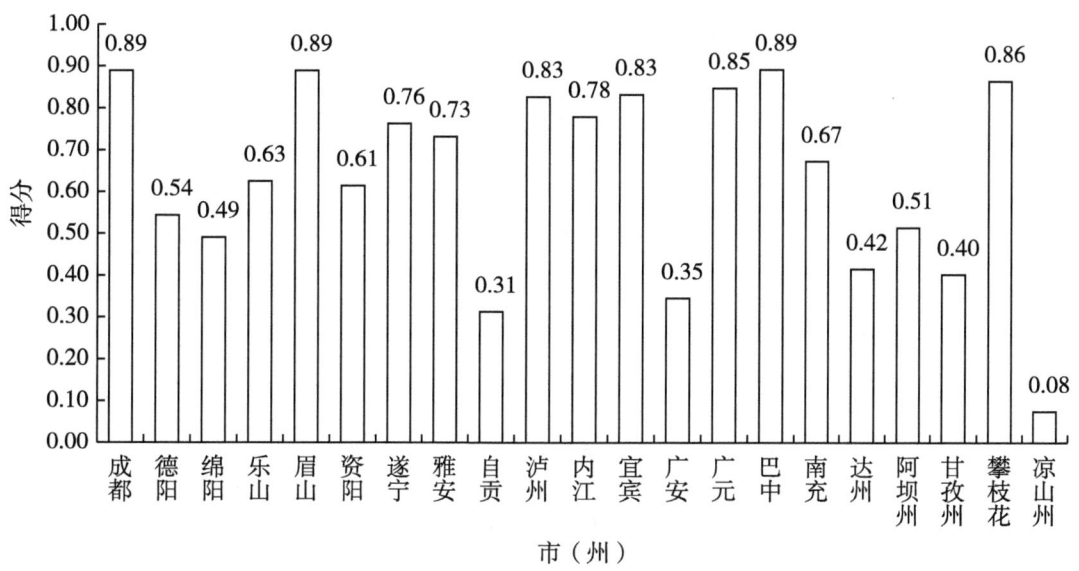

图 7-48 四川省 21 个市（州）乡村治理数字化维度得分情况

7.6.5 乡村服务数字化维度

乡村服务数字化维度下设乡村公共教育服务数字化、乡村公共医疗服务数字化、乡村公共文化服务数字化、乡村公共就业服务数字化和农村居民事务在线办事率 5 项二级指标。

从五大经济区综合得分看，排名依次为成都平原经济区、川南经济区、川东北经济区、川西北生态经济区和攀西经济区，省内排名前 10 位的市（州）分别是雅安市、眉山市、成都市、遂宁市、南充市、绵阳市、自贡市、资阳市、泸州市和巴中市（表 7-6，图 7-49，图 7-50）。通过具体比较乡村服务数字维度的 5 项指标，在乡村公共教育服务数字化建设水平方面，眉山、成都和遂宁列居前 3 位，攀枝花、凉山州和广元处于落后位置；在乡村公共医疗服务数字化建设水平方面，眉山、雅安和成都列居前 3 位，凉山州、广元和甘孜州处于落后位置；在乡村公共文化服务数字化建设水平方面，雅安、眉山和遂宁列居前 3 位，而广安、凉山州和甘孜州处于落后位置；在乡村公共就业服务数字化建设水平方面，眉山、雅安和成都列居前 3 位，甘孜州、凉山州和广安位居末 3 位；在农村居民事务在线办理率方面，自贡、巴中和雅安列居前 3 位，而德阳、凉山州和甘孜州位居末 3 位（表 7-6）。

表 7-6 四川省五大经济区与 21 个市（州）乡村服务数字化维度测评得分情况

五大经济区	市（州）	乡村公共教育服务数字化建设	乡村公共医疗服务数字化建设	乡村公共文化服务数字化建设	乡村公共就业服务数字化建设	农村居民事务在线办事率	综合得分
成都平原经济区	成都市	0.967 5	0.965 9	0.800 8	0.966 9	0.721 9	0.884 6
	德阳市	0.207 5	0.370 3	0.408 0	0.746 0	0.000 0	0.346 4
	绵阳市	0.732 2	0.677 5	0.664 5	0.795 8	0.818 2	0.737 6
	乐山市	0.233 6	0.117 3	0.237 5	0.631 3	0.421 5	0.328 2
	眉山市	1.000 0	1.000 0	0.923 3	1.000 0	0.727 3	0.930 1
	资阳市	0.731 9	0.630 9	0.620 2	0.761 0	0.727 3	0.694 2
	遂宁市	0.927 9	0.936 8	0.872 3	0.924 0	0.490 9	0.830 4
	雅安市	0.909 7	0.974 5	1.000 0	0.968 5	0.920 4	0.954 6
川南经济区	自贡市	0.662 7	0.634 0	0.570 3	0.763 0	1.000 0	0.726 0
	泸州市	0.598 1	0.654 1	0.585 8	0.830 3	0.662 3	0.666 1
	内江市	0.469 5	0.407 1	0.450 1	0.686 0	0.709 1	0.544 4
	宜宾市	0.649 3	0.667 3	0.499 7	0.743 3	0.600 0	0.631 9
川东北经济区	广安市	0.297 2	0.298 8	0.000 0	0.555 4	0.318 2	0.293 9
	广元市	0.148 5	0.072 8	0.186 9	0.575 2	0.857 2	0.368 1
	巴中市	0.514 6	0.600 2	0.450 8	0.800 5	0.927 3	0.658 7
	南充市	0.833 7	0.880 9	0.759 4	0.961 6	0.333 3	0.753 8
	达州市	0.406 2	0.413 7	0.360 2	0.672 9	0.506 5	0.471 9
川西北生态经济区	阿坝州	0.475 6	0.521 5	0.349 4	0.772 1	0.251 7	0.474 4
	甘孜州	0.298 3	0.111 8	0.033 6	0.000 0	0.151 5	0.119 0
攀西经济区	攀枝花市	0.000 0	0.468 1	0.138 9	0.762 3	0.636 4	0.401 1
	凉山州	0.089 4	0.000 0	0.005 3	0.398 8	0.064 2	0.111 5

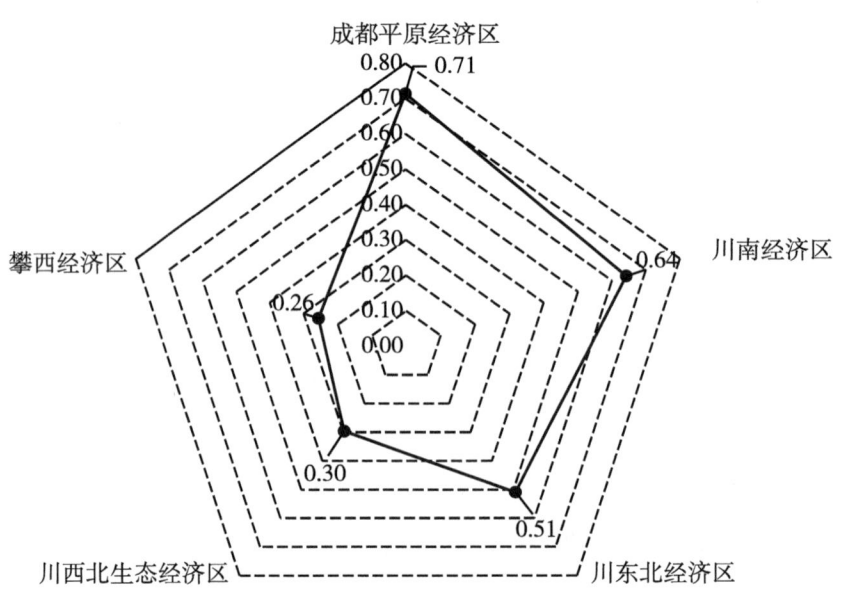

图 7-49 四川省五大经济区乡村服务数字化维度得分雷达图示

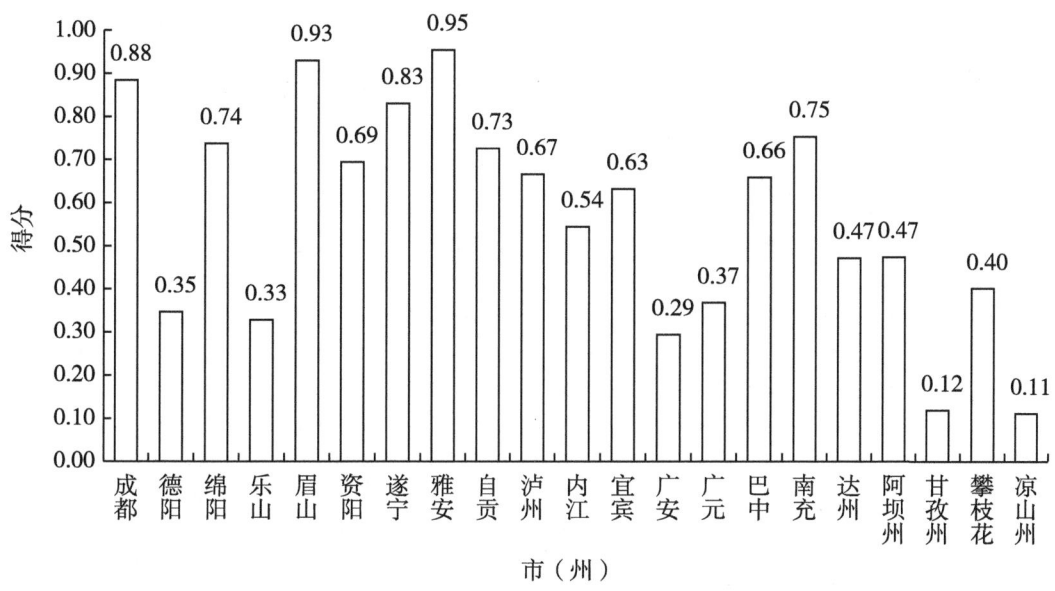

图 7-50 四川省 21 个市（州）乡村服务数字化维度得分情况

7.6.6 综合测评结果

通过构建乡村数字环境与基础、农业生产数字化、乡村产业经营数字化、乡村治理数字化和乡村服务数字化 5 项一级指标及相对应的 28 项二级指标组成的数字乡村发展评价指标体系，测算出了四川省各市（州）及五大经济区的数字乡村建设水平。

从五大经济区综合得分看，排名依次为成都平原经济区、川东北经济区、川南经济区、川西北生态经济区和攀西经济区，省内排名前 10 位的市（州）分别是成都市、眉山市、雅安市、遂宁市、绵阳市、南充市、资阳市、内江市、宜宾市和广元市（表 7-7，图 7-51，图 7-52）。通过具体比较数字乡村 5 个维度，在乡村数字环境与基础维度，成都、雅安和攀枝花列居前 3 位，凉山州、甘孜州和达州市处于落后位置；在农业生产数字化维度，眉山市、绵阳市和广元市列居前 3 位，而甘孜州、凉山州和攀枝花处于落后位置；在乡村产业经营数字化维度，眉山市、成都市和内江市列居前 3 位，凉山州、甘孜州和达州市处于落后位置；在乡村治理数字化维度，巴中、眉山和成都列居前 3 位，而凉山州、自贡和广安位居末 3 位；在乡村服务数字化维度，雅安、眉山和成都位居前 3 位，而凉山州、甘孜州和广安位居末 3 位（表 7-7）。

表 7-7　四川省五大经济区与 21 个市（州）数字乡村综合测评得分情况

五大经济区	市（州）	乡村数字环境与基础	农业生产数字化	乡村产业经营数字化	乡村治理数字化	乡村服务数字化	乡村数字化综合水平
成都平原经济区	成都市	0.822 6	0.642 9	0.802 9	0.889 7	0.884 6	0.807 5
	德阳市	0.471 2	0.413 9	0.536 8	0.544 1	0.346 4	0.422 9
	绵阳市	0.357 5	0.787 7	0.583 7	0.491 1	0.737 6	0.640 8
	乐山市	0.287 4	0.634 1	0.568 5	0.625 2	0.328 2	0.429 3
	眉山市	0.479 1	0.862 7	0.814 4	0.889 8	0.930 1	0.803 3
	资阳市	0.337 5	0.644 9	0.517 9	0.614 5	0.694 2	0.577 8
	遂宁市	0.359 8	0.609 3	0.579 0	0.763 2	0.830 4	0.641 8
	雅安市	0.547 9	0.527 4	0.576 5	0.732 0	0.954 6	0.712 2
川南经济区	自贡市	0.336 8	0.362 3	0.474 5	0.313 1	0.726 0	0.525 1
	泸州市	0.293 3	0.332 7	0.547 0	0.827 0	0.666 1	0.501 1
	内江市	0.401 0	0.532 9	0.696 8	0.779 6	0.544 4	0.543 9
	宜宾市	0.414 1	0.301 2	0.610 5	0.832 5	0.631 9	0.517 9
川东北经济区	广安市	0.426 7	0.525 1	0.479 8	0.345 4	0.293 9	0.403 9
	广元市	0.477 1	0.709 1	0.571 1	0.847 6	0.368 1	0.498 7
	巴中市	0.330 3	0.259 7	0.469 7	0.892 1	0.658 7	0.475 4
	南充市	0.385 5	0.700 4	0.529 6	0.672 4	0.753 8	0.624 0
	达州市	0.231 1	0.695 4	0.417 3	0.415 3	0.471 9	0.457 5
川西北生态经济区	阿坝州	0.392 5	0.384 1	0.520 9	0.514 4	0.474 1	0.449 1
	甘孜州	0.210 3	0.115 2	0.295 8	0.402 3	0.119 0	0.171 9
攀西经济区	攀枝花市	0.521 1	0.230 7	0.429 5	0.864 7	0.401 1	0.396 7
	凉山州	0.135 4	0.222 8	0.178 0	0.075 5	0.111 5	0.151 9

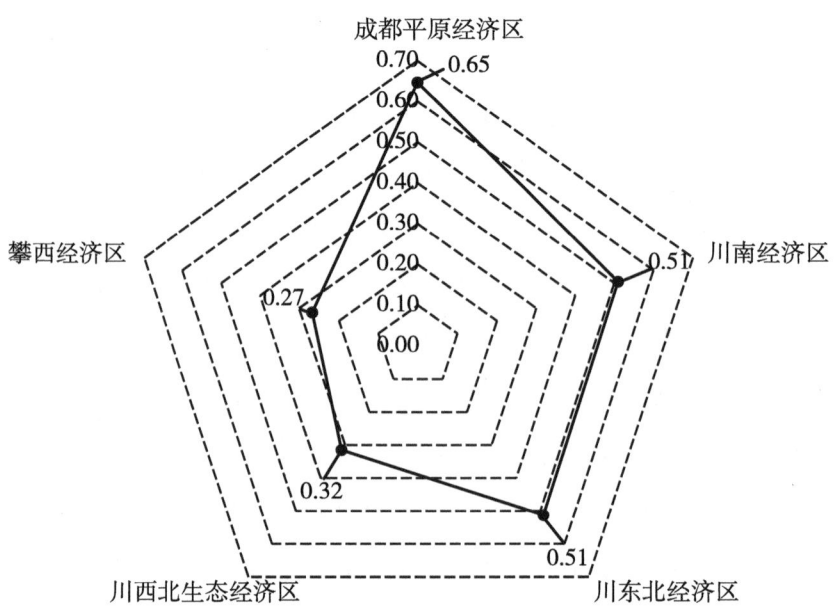

图 7-51　四川省五大经济区数字乡村综合得分雷达图示

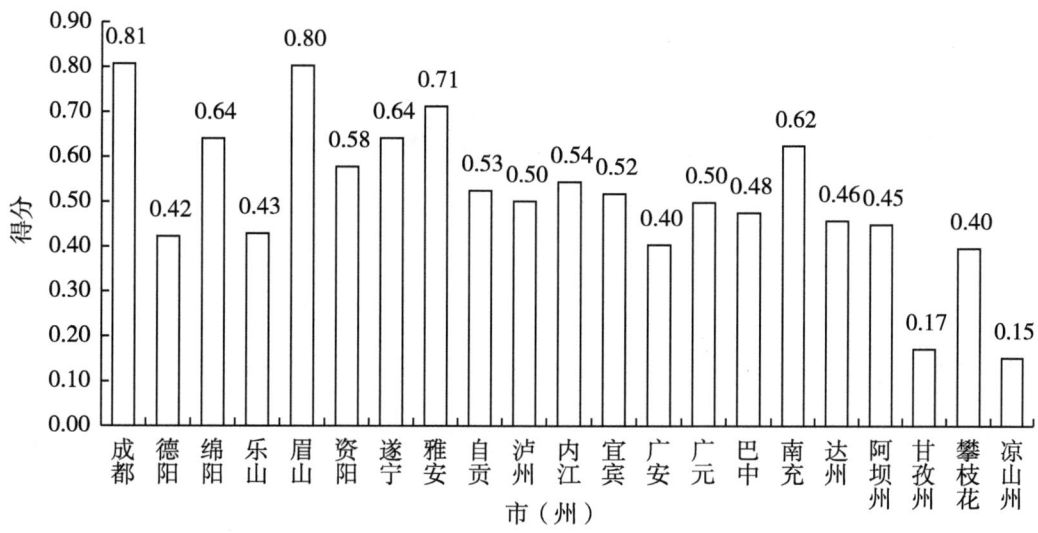

图 7-52 四川省 21 个市（州）数字乡村综合得分情况

第 8 章 四川省数字乡村发展总体战略

8.1 战略思路

坚定以习近平新时代中国特色社会主义思想和习近平总书记对四川工作系列重要指示精神为指导，深入学习贯彻党的二十大精神，认真落实数字中国战略、乡村振兴战略和数字乡村战略的总体部署，以中国式现代化引领四川现代化建设，以成渝地区双城经济圈建设为总牵引，以建设新时代更高水平"天府粮仓"为有效载体，以县域为单元，加快数字乡村基础设施建设，扩大数字技术在农业生产、经营管理、公共服务和乡村治理等领域的融合应用，加快构建支持数字乡村发展的战略保障体系，推动四川省数字乡村更快更好发展，全面推进乡村振兴，加速推进农业农村现代化，加快建设农业强省。

8.2 战略目标

到 2035 年，四川省乡村数字基础设施体系基本完善，"三农"数据全面共享、互联互通，居民数字化素养显著提升，产业数字化和数字产业化发展壮大，为农便民服务实时高效，乡村治理体系和治理能力现代化基本实现，城乡数字鸿沟基本消除，数字乡村基本实现。

8.3 战略研判

8.3.1 数字乡村整体尚处于试点起步阶段

一是总体水平居中且内部差异大。2021 年四川省数字乡村总体发展水平为 35.6%，比全国平均水平低 3.5 个百分点，远低于浙江（68.3%）、江苏（58.7%）、安徽（55.0%）、湖北（52.2%）等省份。区际发展不平衡，成都平原区（42.3%）＞盆周山区（39.4%）＞丘陵地区（38.5%）＞高原山地区

（28.2%）＞川西南山地区（28.0%）。二是多以项目试点推动数字乡村。数字乡村建设时间短，国家网信办、农业农村部等部门通过打造典型应用场景，进行项目试点探索。2018年以来，四川省先后在隆昌市、兴文县等四地启动国家数字乡村试点，在三台县、苍溪县等四地开展国家数字农业试点。此外，四川省在安岳县、崇州市、通川区、广汉市等县市（部门）开展省级数字农业试点。由于基建、管理、环境三大瓶颈制约，四川省星级农业园区的数字化建设短板明显，有形无实。三是财政撬动社会投入能力有限。四川省县域经济规模偏小，对数字乡村建设的财政支持有限，88.52%的县认为缺少项目资金，难以撬动社会资本投入。2020年四川省乡村人均财政投入为40.1元。乡村人均社会投入为73.8元，低于全国平均水平（109元），远低于浙江（1 108.4元）、江苏（350.1元）、天津（291.5元）。

8.3.2 农业生产数字化建设有效需求不足

一是当前农业主要需求是机械化。数字化、智能化建立在较高水平机械化、自动化基础之上。四川省农作物综合机械化率为63%，农产品初加工机械化率仅为29.99%。当前农业生产主要体现在对机械化、自动化的需求，对数字化、智能化内在需求不足。二是建设运维资金投入巨大。调研显示仅改装导航设备一项，每年支出350万~468万元，智慧果园数字投入为4 000~5 000元/亩，生猪养殖数字投入每平方米约为120元。巨大的资金投入和运维成本让市场主体望而却步。三是土地细碎化现象普遍。四川省家庭承包地块平均0.4~0.5亩，经营耕地10亩以下农户占比为88.96%。土地细碎化进一步提高了数字技术规模化应用成本和难度，抑制了经营主体生产数字化需求。四是农村空心化、老龄化带来"谁来用"的严峻挑战。2021年末四川省农村劳动力转移就业2 682万人，全国占比约10%，农村常住人口中65岁及以上人口占比达21.92%，乡村已进入超老龄化社会。留守村民数字素养偏低，无法满足数字化生产要求。

8.3.3 基层数字治理与服务供给能力不够

一是供给与应用差距较大。调研发现，40%和50%的行政村已经开展了线上职业培训和失业登记，但仅有20%的村民使用。仅有17%的村民通过线上渠道参与了村内重大事项讨论，村民通过线上渠道接受矛盾纠纷调解处理、公证律师服务的获取率低于15%，超过52%的受访村民"不了解"或"从未听说"将数字技术应用于乡村新业态中，对村级一站式综合服务平台，64%的受访村民表示"没有"或

"不了解",供给率和应用率之间存在较大差距。二是接受数字服务需求迫切。在受访村民中,希望通过数字化手段接受公共服务的需求强烈,在表示"需要"或"非常需要"两个指标中,法治需求为67.29%、德治需求为66.96%、自治需求为66.55%、基层党建需求为66.26%、便民服务需求为68.57%、社保服务需求为68.63%、教育服务需求为67.48%。三是适农化、适老化不足。受老龄化与数字教育较低等因素叠加,在益农信息社使用中有接近57%的受访村民认为服务"一般"或"不满意",在信息技术培训中有超过47%的受访村民表示"一般"或"不满意",在电商服务中有超过60%的受访村民评价为"一般"或"不满意",约有40%的村民对线上参与"三务公开"、智慧党建或获取公共服务感到"非常困难"和"困难"。

8.3.4 数字底座与机制缺位制约发展效果

一是乡村数字基建相对滞后。与北京、上海、江苏、福建等发达地区相比,四川省网络基础设施、信息服务基础设施和乡村传统基础设施数字化提升还较为滞后。行政村还存在4G信号不稳定的情况,5G通达率也仅有46.1%。约有53%的村民对网速评价为"不好"或"一般"。脱贫地区网络和农产品流通等基础设施落后,影响农产品电子商务发展。二是农业大数据平台建设滞后。各类涉农数据来源散乱、数据信息标准化较低,基础数据平台的完善和多源异构数据的整合,与实际建设要求仍有很大差距,导致四川省数字乡村大数据平台尚未建立,成为数字乡村发展的重大瓶颈。三是基层数据运用机制不完善。规范机制缺位,乡村数字治理要求、技术规范、数据标准不统一。共享机制缺位,部门间数据壁垒亟待解决,55.7%的基层服务人员认为部门间未形成数字共享和平台联动。长效运营机制缺位,72.68%的村级信息服务平台缺乏运营团队,导致信息更新迟滞、反馈问题不及时。评价机制缺位,缺少线上匿名考评机制,不利于对基层数字治理效益的真实评估。

8.4 重点任务

8.4.1 农业园区数字化发展重点任务

8.4.1.1 加强园区数字化顶层设计

一是加强规划引领。建议四川省发展改革委牵头,组织农业、科技、经信、林业、旅游等部门联合编制全省农业园区发展规划，统筹涉农各部门园区建设资金，加快园区数字化建设。二是完善园区数字化地方标准。坚持"广域通用优先，成熟一批制定一批"原则，分阶段制定数据目录、数据格式、数据分类分级、存储标准、数据交换等标准，有效解决数据共享难题。四川省市场监督管理局、四川省农业农村厅要积极推动园区数字化标准立项，优先纳入年度计划。支持龙头企业参与数字园区标准制定。三是加快园区数字硬环境建设。加大数字基础设施建设资金对现代农业园区的支持力度，指导地方政府制定针对性发展规划，有序推进园区的5G 及千兆互联网的建设；推动园区水利、公路、电力等基础设施的数字化智能化改造转型。四是完善星级园区评定。把园区数字化纳入考核重点，激励地方政府加大对园区数字化建设的力度。完善星级现代农业园区数字化评定指标，将 5G 覆盖度、物联网建设、智慧管理、数字技术人员等纳入评价标准。

8.4.1.2 创新园区数字化服务模式

一是推进园区管理"上云"服务。积极鼓励科技企业搭建普惠性、开放性、通用型园区管理云服务平台。根据园区类型和业务性质将环境监测、生长监控、施肥施药、展示销售、产品溯源、农资农机、技能培训、金融等管理功能纳入平台服务。支持园区根据业务需要，在云上自主选择设置平台的管理功能，通过"上云"服务，降低数字农业运维成本。二是强化"政产学研用"模式。合理确定政府、科研院校、数字研发企业、园区生产企业在园区数字化建设中的角色定位，积极探索"政产学研用"等运维模式，形成多方参与、风险共担的联结机制，通过有效的运营提升数字产品后期使用的活跃度。

8.4.1.3 加快园区数字化人才培育

一是加快数字实用人才培育。在新型职业农民培育中，更加注重实操性的专业知识、实践经验和操作技能培训，提高其使用数字工具和技术获取、使用、生产、加工、分享数据等能力，实现数字园区"建得起、用得好"。二是加快数字人才资源互通。注重数字科技公司、科研院校在技术推广中对园区生产管理人员的数字素养的再造。通过"政产学研用"创新创业共同体，充分发挥其在数字化转型中的人才引领作用，形成科研院校、数字科技公司、新型经营主体之间的数字人才资源互通。三是加快本土农民直播员培育。建议四川省农业农村厅牵头，以创业青年农民、家庭农场主、种养大户等为重点，开设农民直播员培训班。从爆款视频策划、视频内容制作、网络直播预热、直播带货现场演示、人格化 IP 打造、视频号运营等方面，帮助学员充分利用好手机"新农具"，销售自己的农产品。

8.4.1.4 强化园区数字化科技支撑

一是实施数字农业重大科技专项。建议四川省科技厅设立数字农业重大科技计划，开展农业专用传感器、动植物模型、农业机器人、农业大数据（核心算法、决策模型）等关键共性技术攻关，支持科研院校、农业数字企业、园区企业"揭榜挂帅"，联合解决高适应、高精度、高可靠、低成本、低功耗的技术痛点。二是实施数字农业园区集成示范。建议在农业农村领域重点研发项目中设立农业园区数字集成示范项目，由四川省科技厅、四川省农业农村厅联合遴选一批有条件有基础的星级农业园区，开展数字技术集成示范，逐步实现省级 5 星园区数字化升级全覆盖，打造真正实现数字化赋能园区生产、管理的示范园区。

8.4.1.5 加大园区数字化政策扶持

一是稳定优惠扶持政策。优先安排园区数字化建设用地，实行信息资费优惠，对符合条件的数字专用设备、物联网设备根据有关规定享受一定比例补贴。探索"政银保企"合作模式，引导保险覆盖数字项目，防范化解数字农业项目建设的经营风险。二是加大财政投入力度。从乡村振兴项目资金抽取一定比例，设置智慧园区、农村电商、园区数字基建、农产品溯源等数字化专项，通过补贴或奖补政策用于数字园区建设。三是加强农业数字企业培育。探索将农业数字企业纳入省级重点龙头企业评定范围，探索在企业落户、物业租金、研发团队、场景应用、培训活动等环节给予补贴。引导金融机构创新抵押担保物、信贷产品，加大对数字企业的金融支持。支持龙头企业参与现代农业产业园、农业产业强镇等项目建设，项目资金向联农带农效果明显的龙头企业倾斜。

8.4.2 乡村治理数字化发展重点任务

8.4.2.1 促进乡村公共服务数字化便捷化

①探索建立跨部门、跨城乡的区域性公共服务数据共享机制，推动"天府蓉易办"等平台的广泛应用。②以村级"1+6"公共服务中心建设工程为依托，促进便民服务数字化转型，加快公共交通、养老托育、水电气等便民服务设施数字化改造，探索建立一批农村数字社区服务圈，鼓励和支持各类市场和社会主体，构建全周期、全链条、高品质数字便民服务供给体系，提升政务、商超、养老等综合服务

功能,做好乡村服务"最后一百米"。③积极发展"互联网+农村基本公共服务"。继续夯实农村地区医疗教育信息化基础,系统建设城乡统一的居民健康信息平台、优质数字教育资源平台,鼓励相关机构在农村地区开展远程教育、远程医疗、远程心理健康疏导等,让优质公共服务进入寻常农户家。④建立弱势群体动态监测大数据平台。针对失业人员、残疾人、失地农民、困难人群、农村留守妇女、留守儿童等弱势群体,建设区域社会弱势群体管理大数据平台,对各类弱势群体的人口信息、就业信息、收入信息、需求信息等进行数字化管理与动态监测,为其提供社会救助在线申请、网上联审、信息公开、动态监测、爱心救助等服务,提升基层社会救助经办服务能力。⑤推进以用户需求为导向的民生保障服务精准化、精细化。推动大数据、人工智能在农村居民民生保障需求识别的应用,根据农民群众的年龄层次、生活习惯、家庭状况、常需服务等多维度,对不同类型村庄的农民群众进行画像,在合法安全的前提下对民众个人信息进行深度分析,定期推送农民有需要的服务,使需求端从"千人一面"向"千人千面"转变。同时,鼓励运用媒体化、社交化、社群化(会员体系)等立体运营方式,实现乡村不同服务主体与客体多角色大规模实时在线、互动协作,构筑更低的成本、更敏捷的应用部署和与用户需求紧密关联的服务生态。

8.4.2.2 推动党建引领的乡村整体性智治

一是以智慧党建为引领,凝聚乡村治理"向心力"。深入推进全国党员干部现代远程教育系统在农村党员教育中的应用,积极探索"网上党支部""网上村(居)民委员会"等方式,加快基层党组织"上云",全息记录基层党组织和党员教育、管理、服务工作,畅通联系服务群众"最后一公里",推动基层党建管理精细化、服务精准化、手段智慧化、工作规范化,切实提升农村基层党建工作信息化、科学化水平。

二是提升村级事务管理智慧化水平。推广村级基础台账电子化,建立统一的"智慧村庄"综合管理服务平台。推广村级事务"阳光公开"监管平台,推进村级事务及时公开、随时查看。建立乡村产权网络交易平台,实现交易立项、线上交易、资料归档等全程网上运行与全程留痕可追溯,引导乡村产权规范流转和交易。

三是开展乡村治理大数据试点示范。支持有条件的市县打造面向乡村公共事务,涵盖航空影像、村庄资产资源、事务管理信息等数据在内的大数据基础平台,鼓励县辖区内各村利用大数据平台开展党建、"三资"管理、"三务"公开、村民自治、移风易俗、法治服务、小微权力监督等工作，探索乡村数字治理新场景，通过技术改良、业务去重、流程优化再造，逐步实现大数据在基层社会治理中的普及型应用，不断优化乡村治理机制，提升乡村治理效能。

四是推动城市大脑延伸落地到城乡社区、乡村基层。构建起"市级统筹、县级负责、联乡联村、社会协同"的城乡数字治理体系，推进城市大脑在优化城乡治安防控、交通运输、民生保障、防灾减灾救灾、突发公共事件联防联控、环境治理的应用，促进城乡生产、生活、生态空间的信息化协同，促进乡村治理的超大范围协同和靶向治理，助力实现乡村众治、共治和智治格局。

8.4.2.3 畅通农民参与治理与服务的渠道

一是建立乡村民情民意数据库。以民主保民生、以民生促民主，积极打造农民参与的乡村治理"完善民意表达、志愿参与、协商议事"等渠道，释放乡村治理最深沉动力，加快建立省级层面的乡村民情民意信息库，开展意见"云征集"，提高农民群众参与乡村治理和数字时代自我实现的可能性与便利性。二是构建乡村数字自治平台。重点围绕资源整合有限、参与不够的瓶颈，通过搭建完善网络平台、整合网络数据信息资源、拓展农民网络参与渠道等多种形式，全面构建数据开放、上下联动、需求驱动、整体配合、高效服务的乡村网格化自治平台，进一步推进基层网络办公、畅通网络问政，依托互联网推进基层民主参与、民主监督和协同治理。三是聚焦重点群体建设一批适老化、友好型数字治理与服务产品及设施。引导企业、公益组织等参与农民数字技能提升工作，推动数字服务和培训向农村地区延伸，针对老年人、残疾人、农民等群体融入数字社会难的问题，推动数字产品和服务适老化改造和信息无障碍建设，设计开发更多适合老年人、残疾人的数字设施和应用。

8.4.2.4 推进更高水平的平安法治乡村建设

一是接续推动农村"雪亮工程"建设。以公共安全视频监控建设联网应用为主体，探索"平台+硬件+客户端+服务"的"互联网+网格化治理"解决方案，打造"省—市—县—乡—村"五级联动的社会综合治理平台，推进户—村—乡镇数据多级汇聚、分级管控。二是深度推进乡村"雪亮工程"应用。发挥好农村"雪亮工程"在治安防控、重大案（事）件防范中的作用，深度拓展"雪亮工程"在基层党建、综合治理、民生保障、生态建设与保护、应急管理和防止返贫等领域的应用场景，发动群众积极参与平安乡村建设和社会综合治理，推动形成共建共治共享的数据治理格局。三是建设人机协同、响应迅速的大数据防控平台。综合应用物联网、大数据、智慧云广播等新技术，探索建立乡村区域治安大数据防控平台、突发性重大安全事件大数据防控平台等，不断提升乡村公共安全防控能力与应急救援水平。四是打造"一站式"公共法律服务平台。通过建立公共法律服务管理大数据平台，利用微博、微信、法律服务热线等多元化途径，向农村居民提供公证服务、法律援助、法律咨询、法律服务电子地图、农民工欠薪救助绿色通道等多项公共法律服务。鼓励有条件的地区探索建设智能化"无人律所"，通过配套智慧机器人、自助服务一体机、文件上传与打印设备，提供法律援助咨询、文书服务、律师约见等各类服务。

8.4.3 数字乡村新基建重点任务

8.4.3.1 加快推进数字基础设施改造升级

推动农村 5G 网络、移动物联网与城市同步规划建设，加快人工智能、北斗导航、物联网、5G、大数据等信息技术，与乡村村级事务管理、社会综合治理、应急管理、公共服务深度融合，推动传统基础设施数字化、智能化改造。

8.4.3.2 持续推动乡村传统基础设施数字化改造升级

强化农村公路电子地图定期更新，提升农村公路管理数字化水平，推动"四好农村路"高质量发展。加快农村电网数字化改造，实施农村电网巩固提升工程，补强农网薄弱环节。加快农村水利工程智慧化、水网智能化应用，推动各类信息共享和联动更新。支持区域性农产品冷链物流设施、产地冷链物流设施等建设，补齐冷链物流短板。

8.4.3.3 加快推进农业农村大数据平台建设应用

加快推进四川省农业农村大数据中心与调度平台，试点建设一批基于新型卫星网的乡村智慧管理移动服务中心，构建云端集成、便捷高效的智慧村庄应用场景，拓展"卫星+智慧村庄"、北斗位置服务等应用，实现对区域内人、地、事、物、情的直观管理、辅助决策、精准监管。健全乡村数据安全保障体系，夯实乡村数字治理与数字服务领域的安全评测、电子认证、密码应用、应急防范等信息安全基础性工作，加强数字治理与数字服务平台的数据治理。

8.4.4 乡村数字经济新业态重点任务

8.4.4.1 持续深入实施"互联网+"农产品出村进城

支持农业龙头企业、农民专业合作社以及种植养殖大户、家庭农场等新型农业经营主体通过网络销售优势特色农产品。持续实施"数商兴农",积极打造农产品网络品牌,支持地方开展特色农产品认证和市场推广,以品牌化带动特色产业发展。加快农村寄递物流体系建设,分类推进"快递进村"工程。引导电商平台规范有序开拓电商分销渠道,用好社交电商、直播电商等新模式。

8.4.4.2 加快培育乡村数字经济新业态

推进乡村旅游智慧化发展,打造一批设施完备、功能多样、智慧便捷的休闲观光园区、乡村民宿、森林人家和康养基地,线上推荐一批乡村旅游精品景点路线。推进创意农业、认养农业、健康养生等基于互联网的新业态发展,探索共享农场、云农场等网络经营新模式。通过网络传播农村各类非物质文化遗产资源,促进乡村特色文化产业发展。引导在线旅游、电子商务、位置信息服务、社交媒体、智慧金融等平台企业将产品和服务下沉到乡村,健康有序发展农村平台经济。

8.4.4.3 加强乡村数字经济新业态服务

坚持放管并重,促进发展与规范管理相统一,构建乡村新基建与新业态发展服务规则体系,营造开放、健康、安全的数字服务生态。优化农村乡村新基建与新业态空间布局,将农村乡村新基建与新业态布局同产业规划、各类现代农业园区建设结合起来,加快形成协同互动、错位发展新格局,避免同质化竞争。加强农村乡村新基建与新业态创新创业指导。积极与城市优质创业培训资源合作,加强创业辅导,明确风险、避免盲目发展;严格控制各类园区数量与建设规模,避免"遍地开花"和"圈地"。

8.5 重大工程

8.5.1 现代农业园区数字化提档升级工程

在四川省星级现代农业园区中,遴选10个基础较好的作为推进农业数字化的"先行区",按照"一园一策、数字赋能、全面提升"的要求,完善数字基础设施、建立标准规范体系、推动生产要素数字化、提升农业生产数字化水平、丰富数字化决策指挥手段,全方位提档升级,打造一批主导产业突出、数字装备先进、生产方式绿色、辐射带动有力的数字农业园区。

8.5.2 天府粮仓单品大数据试点工程

聚焦粮油、畜禽、茶叶、柑橘、水产等优势特色产业,以县域为单元,突出"延链、补链、强链",加强数字技术在产前、产中、产后的应用,开展全程数据采集监测与应用,以数据流带动技术流、资金流、人才流、物资流等要素向产业链集聚,打造一批"链通数融"的现代产业集群。

8.5.3 乡村数字+党建示范工程

加快启动四川省乡村数字+党建示范工程,大力推进四川智慧党建云平台与大数据、云计算、数据交互、远程共享和协助等多种前沿数字技术的融合,在已有的党员学习教育系统基础上,构建涵盖党员构成情况、价值观、个性需求等内容的多维大数据体系。推动党建数字化管理平台、手机 App 与网格化管理体系的融合。在全省范围内建立包含远程可视化党建管理服务平台、党建移动 App 平台、党建网站网络平台、党建电视栏目平台等多渠道交流互动与舆情收集平台,充分利用在线数据开展党建大数据分析。

8.5.4 乡村数字治理试点工程

建立乡村治理数据资源共享机制,形成涵盖乡村人口、环境、经济、民生、自治等的乡村治理"大数据资源池"。开展乡村治理大数据建设试点,因地制宜编制试点规划,重点推动乡村治理大数据平台的应用示范,逐步搭建起乡村治理"一张图"、村级事务"一站式"办理体系。遴选一批基础条件好的乡村,集成应用乡村治理大数据平台、物联网、智能感知设备、政务云、5G 网络等数字化技术平台,试点推动乡村"人、财、物、事"全面数字化,基于大数据技术与理论模型,开展乡村治理精准决策、乡村居民需求精准识别、突发事件预判预警,探索打造一批自治、法治、德治、数治协同的乡村治理新场景。

8.5.5 乡村公共服务数字化整省推进工程

建立区域性乡村公共服务大数据平台,在向乡村居民提供教育、医疗、养老、就业、文化等一站式服务的基础上,不断优化大数据算法和人工智能技术,为乡村居民提供精确化和个性化的公共服务。综合采用"云+"视频技术、5G 云随访技术、VR/AR 技术、服务机器人等技术产品,在偏远乡村、数字化基础良好的乡村开展远程教育、智慧医疗、数字文化、智慧法律服务等试点,建设一批乡村智慧校园、数字医疗室、数字文化站、智慧法务室、一站式便民服务站等硬件设施,全面推动数字公共服务向农村延伸。在乡村开展数字公共服务适老化场景建设,给独居老人家庭安装智能烟感系统、一键报警系统、语音监控系统等,推动已有数字公共服务平台及移动终端推出面向老年客户群体的简版界面,增加语音辅助讲解功能、家庭协同互助功能。

8.5.6 数字乡村支撑平台建设工程

以县域数字乡村大数据平台建设为基础,搭建四川省数字"三农"大数据信息平台与公共应用支撑平台,汇集全省农村生产、生活和管理的数据集,促进农业大数据开放共享。建设功能完善、数据资源汇聚的四川乡村云计算和大数据平台,提供覆盖省级、服务全省的数据存储、交换、计算能力,推动数据资源跨部门、跨层级、跨区域共享共用。构建智慧乡村治理服务平台,推进无线电子政务,加强基础数据资源、政务信息资源建设,推动部门间信息共享和业务协同。

8.5.7 数字化"三情"监测分析系统建设工程

建设微型气象站和"三情"(墒情、苗情、灾情)监测点,构建能够对接所有感知设备的"三情"一体化监测平台,实时生成态势结果,及时科学提供农业生产指导建议。同时按照分级建设、聚点成网的思路,利用智能化监测设备、轨迹分析模型与数字化预测技术,加快完善四川省各县(区)农作物病虫害数字化监测预警网络,链接全国统一的病虫害数字化监测预警平台,提升监测预警能力,实现重大病虫害监测标准化、信息化。

8.5.8 全省农村 5G 部署工程

加强农村 5G 网络基站统筹规划,推动杆塔资源开放共享,强化 5G 专用频谱资源保护与无线电频谱资源有效利用,加快发达乡镇、重点区域、重点应用场景的网络覆盖。推进 5G 虚拟专网部署,按需做好工业、能源、交通、医疗、教育、生态环境保护等重点领域的网络建设,加速向有条件有需求偏远地区延伸。

8.5.9 智慧农业生产体系建设工程

以市场需求为导向,以智慧平台为核心,以互联网、物联网、大数据、区块链、人工智能等现代信息技术为依托,以生产组织智能化、产品质量可溯化、市场经营网络化、社会服务专业化为目标,以品牌建设为驱动力,构建具有组织、自学习和自适应能力的产业智慧生态系统,从而实现整个产业链要素的扁平化组织与资源共享。

8.5.10 "AIS"智能农牧工程

依托大数据、人工智能、物联网、区块链等方面的数字科技，借助先进数科企业优势，试点并推广"AIS"智能农牧工程，集成"神农大脑（AI）"+"神农物联网设备（IoT）"+"神农系统（SaaS）"的智能养殖解决方案，借助养殖巡检机器人、饲喂机器人、3D农业级摄像头等先进设备，打通养殖全产业链。

8.5.11 "数字""共享"人才培育工程

政府主导，市场参与，依托四川省农业科学院、四川农业大学及地方院校，搭建"数字""共享"人才培育体系，培养现有的农业生产经营主体和农村干部队伍，提高他们生产经营管理的综合能力和文化素质，以更好地实现适应数字农业生产发展的需要。开设种业数字化、种植业数字化、林草数字化、畜牧业数字化、渔业渔政数字化、农村电子商务、智慧乡村旅游等内容设置专项培训项目。

第9章　四川省数字乡村发展保障措施

9.1　加强组织领导

建立健全省、市、县三级数字乡村建设工作机制，压实县级"一把手"主体责任。省级应成立由网信、农业农村、发展改革、工信、科技、市场监管、乡村振兴等有关部门组成的数字乡村发展统筹协调机制，负责统筹制定本地区数字乡村建设实施方案、标准规范、扶持政策，跟踪重大工程、重点任务举措落实，协调解决部门间涉农数据共享机制、数据基础设施保护等关键问题。市、县级应成立数字乡村建设工作领导小组，负责统筹推进区域内数字乡村顶层设计，落实建设资金和数据资源，协调解决项目建设过程重点、难点问题，形成工作合力。县级领导小组建议由主要负责同志任组长，统筹推进数字乡村建设各项工作。

9.2　完善机制保障

建立"政产学研用"多方协同共建机制，政府做好指导和监督并提供政策和资金支持，高校和科研院所提供智力支撑，行业协会、涉农企业和事业单位为农民开展技术指导和技术培训等服务，农业经营主体开展具体项目建设，落地实施农业生产经营各环节的应用场景。成立跨行业、跨区域数字乡村专家咨询委员会、数字乡村产业发展联盟等，引导行业协会、中介组织和涉农企业广泛参与，为数字乡村建设提供智库支撑与解决方案。构建从项目审批到验收审计全生命周期的项目管理机制，实现数字乡村建设项目全面、有序、高效落实。各省可在现有国家数字乡村试点基础上，探索开展省内试点示范工作，依据实际情况创建示范县、乡镇、村，遴选示范企业、机构。完善监督考评机制，分解落实数字乡村建设任务，将数字乡村建设作为乡村振兴战略重要内容纳入省、市、县（区）政府年度工作考核，确保各项工作部署落到实处。

9.3 优化政策支持

统筹利用省、市、县（区）现有财政涉农信息化政策、项目、资金，支持数字乡村基础设施、基础平台、生产生活数字化应用等项目建设。拓展资金来源渠道，发挥政府资金引导作用，通过市场化机制撬动电信运营商、软硬件提供商、电子商务企业、金融服务企业和应用服务提供商参与投入数字乡村基础设施、智慧农业、便民服务等领域的建设运营，形成政府资金引导、社会多元化投入的资金筹措机制。加强国家相关政策、试点、项目的协同联动和集成运用，农业农村部组织的信息进村入户工程、数字农业建设试点、"互联网+"农产品出村进城工程，工业和信息化部组织实施的电信普遍服务试点项目，科技部组织的相关涉农领域科技研发工作等现有政策要优先支持符合条件的国家（省）数字乡村试点地区。

9.4 强化人才支撑

建立多层次数字乡村人才支持体系。聚集科研机构、高校、企业资源，坚持引进与培养相结合，打造一批数字乡村领域组织型人才和领军人才。发挥本土企业、职业院校、培训机构的作用，提高信息化应用技能课程在教育培训中的比重，普及农业科技知识，培养一批应用技能型人才、农业技术人才。完善农村地区基础设施与配套公共服务，对符合条件的返乡入乡高校毕业生、农民工就业及创业创新给予政策支持。依托国家电子商务示范基地、全国电子商务公共服务平台，开展农村电商人才培养，推广农村电商网络公开课，共享培训资源。推动"互联网营销师"等新职业的认定、培训以及补贴向农村地区进行一定程度的倾斜。

9.5 营造良好氛围

利用电视、广播、报纸、杂志、互联网等媒介，积极宣传数字乡村战略内涵和建设成果，营造全社会广泛参与数字乡村建设的良好氛围。鼓励网信企业履行社会责任，在平台和各类应用场景建设方面主动作为，积极参与数字乡村建设。充分发挥网络社会组织团结凝聚、示范带动作用,引导更多社会力量参与数字乡村建设。各级网信办、农业农村部门可通过举办数字乡村发展论坛、开展数字乡村试点经验交流活动、发布数字乡村建设典型案例等方式,进一步深化宣传效果,以点带面促进数字乡村全面建设。

附　录

附录1　《四川省数字乡村发展战略研究》调研园区

序号	所在地	园区名称	序号	所在地	园区名称
1	绵阳市	梓潼县潼江河谷优质粮油现代农业园区	22	内江市	内江市东兴区稻菜现代农业园区
2	自贡市	大安区肉鸡现代农业园区	23	内江市	内江市市中区水产现代农业园区
3	自贡市	富顺县柑橘现代农业园区	24	内江市	威远县无花果现代农业园区
4	自贡市	自贡市贡井区高粱蔬菜现代农业园区	25	乐山市	沙湾区中药材现代农业园区
5	自贡市	荣县粮油现代农业园区	26	资阳市	乐至县葡萄现代农业园区
6	泸州市	古蔺县肉牛现代农业园区	27	资阳市	四川（乐至）现代畜禽种业园区（培育）
7	泸州市	合江县荔枝现代农业园区	28	资阳市	资阳市雁江区柑橘现代农业园区
8	泸州市	泸州市江阳区蔬菜现代农业园区	29	宜宾市	宜宾市叙州区茶叶现代农业园区
9	泸州市	泸县粮油现代农业园区	30	宜宾市	珙县蚕桑现代农业园区
10	广元市	剑阁县粮油现代农业园区	31	宜宾市	高县茶叶现代农业园区
11	广元市	广元市朝天区蔬菜现代农业园区	32	宜宾市	宜宾市南溪区粮油现代农业园区
12	广元市	苍溪粮油现代农业园区	33	宜宾市	兴文县粮油现代农业园区
13	广元市	利州食用菌现代农业园区	34	宜宾市	筠连县肉牛现代农业园区
14	广元市	青川县食用菌现代农业园区	35	宜宾市	翠屏区茶叶现代农业园区
15	广元市	旺苍县茶叶现代农业园区	36	南充市	南充市高坪区柑橘+猪现代农业园区
16	广元市	昭化区双凤猕猴桃现代农业园区	37	南充市	南充市嘉陵区蚕桑现代农业园区
17	遂宁市	遂宁市安居区三家大米现代农业园区	38	南充市	南部县柑橘现代农业园区
18	遂宁市	遂宁市船山区现代农业产业园	39	南充市	蓬安县花椒现代农业园区
19	遂宁市	蓬溪县食用菌现代农业园区	40	南充市	西充县古楼香桃现代农业园区
20	遂宁市	射洪市粮油现代园区	41	南充市	仪陇县粮桑统筹现代农业园区
21	内江市	资中县柑橘现代农业产业园	42	雅安市	宝兴县食用菌现代农业园区

(续表)

序号	所在地	园区名称	序号	所在地	园区名称
43	雅安市	雅安市名山区茶叶现代农业园区	56	凉山州	盐源县苹果现代农业园区
44	雅安市	汉源县花椒现代农业园区	57	凉山州	昭觉县肉牛蔬菜现代农业园区
45	雅安市	雅安市雨城区藏茶产业现代农业园区	58	广安市	广安市前锋区花椒现代农业园区
46	甘孜州	濯桑现代农业园区	59	广安市	广安市广安区龙安柚现代农业园区
47	甘孜州	甘孜县青稞现代农业园区	60	广安市	广安蜜梨基地现代农业园区
48	甘孜州	泸定县食用菌现代农业园区	61	广安市	邻水县脐橙现代农业园区
49	甘孜州	石渠县蔬菜现代农业园区	62	广安市	广安市武胜县蚕桑现代农业园区
50	甘孜州	雅江县食用菌现代农业园区	63	广安市	岳池县粮油现代农业园区
51	凉山州	会东县粮烟现代农业园区	64	巴中市	巴中市恩阳区粮油现代农业园区
52	凉山州	会理县石榴现代农业园区	65	巴中市	通江食用菌现代农业园区
53	凉山州	金阳县青花椒现代农业园区	66	眉山市	眉山市彭山区葡萄现代农业产业园区
54	凉山州	雷波县脐橙现代农业园区	67	眉山市	青神县柑橘现代农业园区
55	凉山州	宁南县蚕桑现代农业园区	68	眉山市	仁寿县粮油现代农业园区

附录2　四川省数字乡村发展水平问卷表（个人版）

调查地点：_____县（区）_____乡（镇）_____村_____

调查时间：_____调查人员：_____

一、调查对象基本信息

1. 您主要从事的工作是什么？

□纯务农农户　　□务农和务工人员　　□家庭农场主　　□合作社负责人

□农业企业负责人　□无业　　□其他（请注明）_____

2. 您的性别？

□男　　　　□女

3. 您的年龄段是？

□18周岁以下　□19~34周岁　□35~44周岁　□45~64周岁

□65周岁以上

4. 您的受教育程度是？

☐小学及以下　　　☐初中　　　　　　☐高中（中专）　　☐本科（大专）

☐研究生

二、乡村数字环境与基础

5. 您村手机网络信号如何？

☐非常不好　　　　☐比较不好　　　　☐一般　　　　　　☐比较好

☐非常好

6. 您家拥有以下哪些电子设备？

☐数字电视机　　　☐电脑　　　　　　☐平板电脑　　　　☐智能手机

☐电子手环　　　　☐其他（请注明）_____

7. 当出现故障时，您觉得方便找技术人员上门维修吗？

☐非常不方便　　　☐不方便　　　　　☐一般　　　　　　☐方便

☐非常方便

8. 您对家庭或手机上网资费满意吗？

☐非常不满意　　　☐不满意　　　　　☐一般　　　　　　☐比较满意

☐非常满意

9. 您家每月在通信、上网费用支出多少钱？_____元

三、乡村产业数字化

10. 请问您现在从事的农业生产主要是？（可多选）

☐种植业　　　　　☐畜牧禽养殖　　　☐水产养殖　　　　☐林竹（花木）

☐其他

11. 请问您现在从事的农业生产的规模多大？

①种植业（面积）：_____（亩）

②畜牧养殖（年出栏）：_____（头）

③家禽养殖（年出栏）：_____（只）

④水产养殖（养殖水面）：_____（亩）

12. 请问您从事的农业生产过程中使用了哪些信息化设施装备？（可多选）

☐自动选种　　　　☐土壤成分检测　　☐灌溉耗水分析　　☐精量播种

☐产量预测　　　　☐环境监测　　　　☐环境智能调控

☐田间管理（滴灌、施肥给药、虫害清理等）　　　　　　☐智能农机

☐长势监测 ☐智能投喂 ☐疫病监测 ☐电子标签

☐水温调节或自动换水 ☐质量检测与安全溯源

☐从未使用 ☐其他（请注明）_____

13. 您认为影响您采用智慧农业（互联网+农业）的发展模式的主要因素有哪些？（多选）

☐资金 ☐完善的基础设施 ☐智慧农业的技术和培训等服务

☐对互联网+农业的了解与认知 ☐政策支持

☐其他（请注明）_____

14. 如果未使用过信息化设施设备，请问原因是什么？（可多选）

☐无政府项目支持 ☐不懂技术 ☐设施设备价格高

☐觉得效果不好 ☐生产规模小 ☐其他（请注明）_____

15. 农业数字化生产效果：节省人工（_____）%，节省化肥（_____）%，节省农药（_____）%，节约水（_____）%。

16. 您购买或安装数字化设施设备的资金来源渠道有哪些？（可多选）

☐政府补贴 ☐自筹资金 ☐银行贷款 ☐合作购买

☐其他（请注明）_____

17. 请问您购买或安装数字化设施设备的政府补贴占总投资比例是多少？

☐无补贴 ☐10%以内 ☐11%~20% ☐21%~30%

☐30%以上

18. 请问您认为农业生产信息化或数字化设施设备在实际应用中存在哪些不足？（可多选）

☐设施设备适用性较差 ☐缺乏专业技术人员

☐缺乏定期性的技术培训 ☐设施设备购买安装费用高昂

☐设施装备耐久性差 ☐设施装备使用维护成本高

☐其他

19. 请问您使用过益农信息社提供的哪些服务？（可多选）

☐农产品、土特产等销售信息发布 ☐话费、水电费、保险费缴费等

☐获悉乡村政策 ☐代购农资产品和生活用品

☐其他（请注明）_____ ☐未使用

20. 如果您通过益农信息社办理过业务，您对益农信息社提供的服务满意吗？
　　□非常不满意　　　□不满意　　　　□一般　　　　□比较满意
　　□非常满意

21. 如果没有使用益农信息社办理过业务或不满意其服务，请问原因是什么？（可多选）
　　□无专人服务　　　□收费贵　　　　□没有需要的东西或服务
　　□使用不方便　　　□其他（请注明）_____

22. 请问您所在地寄、取快递方便吗？
　　□无快递配送点　　□非常不方便　　□不方便　　　□一般
　　□比较方便　　　　□非常方便

23. 您是否参与过乡村人才数字技术培训？
　　□是　　　　　　　□否

24. 您参与乡村人才数字技术培训的难度如何？
　　□非常困难　　　　□比较困难　　　□一般　　　　□比较容易
　　□非常容易

25. 您对获得当地乡村人才数字技术培训的评价？
　　□未培训　　　　　□不满意　　　　□一般　　　　□比较满意
　　□非常满意

26. 您认为互联网给乡村民宿、观光农业、认养农业等新业态带来了哪些好处？（可多选）
　　□培育用户忠诚度　　　　　　　　　□增加客流量
　　□拓展宣传渠道　　　　　　　　　　□提升经营管理效率
　　□提升品牌影响力　　　　　　　　　□吸引年轻用户关注
　　□增加收入　　　　　　　　　　　　□其他（请注明）_____

27. 过去一年内，您通过以下哪些网络平台销售过农产品？（可多选）
　　□阿里　　　　　　□京东　　　　　□拼多多　　　□微信小程序
　　□直播　　　　　　□短视频　　　　□其他（请注明）_____

28. 过去一年内，您利用互联网平台进行农产品电商交易额度是多少？
　　□10万元以内　　　□10万~20万元　　□20万~40万元　□40万~60万元

☐60万~80万元 ☐80万~100万元 ☐100万元以上

29．你选择销售平台的主要因素是？
☐平台的知名度 ☐平台的口碑 ☐平台的规范化程度
☐其他

30．您通过电商平台主要销售的农产品类型有哪些？（可多选）
☐粮油 ☐果蔬 ☐新鲜肉类 ☐禽蛋
☐乳品 ☐其他 ☐没有销售过

31．平台对您销售的农产品是否有质量要求？
☐是 ☐否

32．您认为农产品电商在哪些方面还需要完善改进？（可多选）
☐保鲜 ☐包装 ☐质量 ☐物流
☐售后服务 ☐其他（请注明）_____

33．请您对您使用过的电商服务进行评价（代收代发、电子支付、物流配送等）
☐非常不满意 ☐比较不满意 ☐一般 ☐比较满意
☐非常满意

34．您认为与传统线下销售方式相比，通过电商销售农产品的难易程度如何？
☐非常困难 ☐比较困难 ☐一般 ☐比较容易
☐非常容易

35．您所在乡镇是否建设有智慧化的旅游景区？
☐是 ☐否

36．您所在乡镇的旅游景区是否拥有自己的旅游网站、微博或公众号？
☐是 ☐否

37．当地利用互联网和信息化手段，通过哪些渠道扩大提升乡村旅游村知名度？（可多选）
☐举办线上活动 ☐短视频宣传 ☐微信公众号 ☐以上均无

38．请您对您利用互联网技术和信息化手段提升乡村旅游村知名度进行评价
☐非常不满意 ☐比较不满意 ☐一般 ☐比较满意
☐非常满意

39. 您所在乡镇旅游景区中提供以下哪些数字化基础设施？（多选）

□数字化交通道路（如带有电子导览屏、感知系统的道路）

□2G/3G/4G/5G 等通信网络

□智能信息服务等各种特色软件系统

□智能停车场系统

□智慧化生态保护设施

□其他（请注明）_____

40. 请您对本乡镇旅游景区中提供的数字化基础设施进行评价。

□非常不满意　　　□比较不满意　　　□一般　　　□比较满意

□非常满意

41. 您所在乡镇旅游景区是否提供智慧化服务？

□是　　　　□否

42. 您所在乡镇旅游景区中提供以下哪些智慧化服务？（多选）

□住宿智能服务　　□医疗卫生服务　　□智能餐饮服务　　□智能门票服务

□智慧购物服务　　□景点信息、游乐项目等实况查询

□其他（请注明）_____　　　　□以上均无

43. 请您对本乡镇所提供的智慧化旅游服务进行评价。

□非常不满意　　　□比较不满意　　　□一般　　　□比较满意

□非常满意

44. 您对利用互联网技术和信息化手段开展休闲农业的了解程度如何？

□从未听说　　　□不太了解　　　□基本了解　　　□比较了解

□非常了解

45. 过去一年内，您利用互联网技术和信息化手段开展过如下哪些休闲农业经营活动？（多选）

□农家乐　　　　□休闲农庄　　　　□现代农业示范园

□农业观光园　　　民俗村　　　　　□认养农业

□其他（请注明）_____

46. 过去一年内，您利用过哪些互联网技术和信息化手段开展休闲农业经营活动？（多选）

□线上自营网站　　　□自媒体平台（微信公众号、微博）

□旅游平台（携程旅行 App、去哪儿旅行 App）

□短视频平台（抖音 App、快手 App）

□其他（请注明）_____

47. 您认为互联网技术和信息化手段对休闲农业的影响主要体现在哪方面？

□营销宣传　　　□管理方式　　　□活动内容　　　□产品

□其他（请注明）_____

48. 您认为利用互联网技术和信息化手段开展休闲农业经营的难易程度如何？

□非常困难　　　□比较困难　　　□一般　　　□比较容易

□非常容易

49. 请您对您利用互联网技术和信息化手段开展的休闲农业经营的效果进行评价。

□非常不满意　　　□比较不满意　　　□一般　　　□比较满意

□非常满意

50. 请您对目前利用互联网技术和信息化手段开展休闲农业经营活动的前景进行评价。

□前景很差　　　□前景较差　　　□前景一般　　　□前景较好

□前景很好

51. 您所在乡镇是否建有共享农庄？

□是　　　□否

52. 请您对本乡镇共享农庄建设成效进行评价？

□很差　　　□较差　　　□一般　　　□较好

□很好

四、乡村基本公共服务数字化

53. 您村是否有一站式综合服务平台？

□有　　　□没有　　　□不了解

54. 过去一年内，您利用互联网技术和信息化手段获得过哪些公共教育服务？（可多选）

□中小学远程教育　　　□线上技能培训

☐线上免费讲堂　　　　　　　　　　☐沉浸式教学
☐在线学习教育平台　　　　　　　　☐线上职业教育培训
☐农业科教资源网络下载
☐其他（请注明）_____　　　　　☐以上均无

55. 过去一年内，您利用互联网技术和信息化手段获得过如下哪些医疗服务？（可多选）

☐网上预约诊疗　　　　　　　　　　☐网上健康咨询
☐网上购药　　　　　　　　　　　　☐网上查阅检验报告
☐网上防疫信息查阅　　　　　　　　☐其他（请注明）_____
☐以上均无

56. 过去一年内，您利用互联网技术和信息化手段获得过如下哪些公共文化服务？（可多选）

☐公共文化资讯（活动信息、资源介绍等）网上浏览
☐文化活动/场馆网上预定或报名　　☐数字图书馆
☐数字博物馆　　　　　　　　　　　☐数字文化馆
☐数字展览馆　　　　　　　　　　　☐数字科技馆
☐网上读书、看报、看新闻　　　　　☐参与线上文艺演出、书画展览等
☐线上观看免费的电影、电视剧、话剧、戏剧、音乐会等
☐线上观看非遗项目资讯、介绍或学习非遗技艺
☐其他（请注明）_____　　　　　☐以上均无

57. 过去一年内，您利用互联网技术和信息化手段获得过如下哪些公共就业服务？（可多选）

☐求职招聘信息网上查阅　　　　　　☐就业失业登记线上办理
☐创业开业线上指导　　　　　　　　☐劳动仲裁在线受理
☐网上职业培训　　　　　　　　　　☐就业创业政策网上咨询
☐其他（请注明）_____　　　　　☐以上均无

58. 过去一年内，您利用互联网技术和信息化手段获得过如下哪些社保服务？（可多选）

☐个人社保权益查询　　　　　　　　☐跨地区医保结算

☐定点医疗网上办理 ☐电子社保卡办理

☐网上社保关系转移 ☐其他（请注明）_____

☐以上均无

59. 您能在网上办理如下哪些政务服务？（可多选）

☐身份证更新 ☐建房用地许可 ☐出入境护照办理

☐各类补贴办理 ☐水电煤气费代缴 ☐驾驶证更换

☐诉讼服务 ☐入园登记 ☐其他（请注明）_____

☐以上均无

60. 过去一年内，您利用互联网技术和信息化手段（包括微信）参与过以下哪些事项？（可多选）

☐网上选举投票 ☐网上查阅村务公开信息

☐网上查阅村财务公开信息 ☐网上查阅村党务公开信息

☐网上参加听证协商 ☐网上进行村务监督

☐网上进行环境治理监督 ☐网上参加村里重大事项讨论

☐其他（请注明）_____ ☐以上均无

61. 过去一年内，您利用互联网技术和信息化手段获得过以下哪些法律服务？（可多选）

☐法治宣传教育 ☐法律咨询服务 ☐矛盾纠纷调处化解

☐法律援助服务 ☐公证服务 ☐律师服务

☐司法鉴定 ☐仲裁服务 ☐其他（请注明）_____

☐以上均无

62. 过去一年内，当地利用互联网技术和信息化手段，开展过如下哪些德治？（可多选）

☐传统美德与良好家风宣传 ☐移风易俗监督

☐村规民约监督 ☐宗教政策宣传普及

☐青少年沉迷网络治理 ☐消极文化网络传播治理

☐"三农"题材网络文化内容制定与宣传

☐农村传统优秀文化宣传展示 ☐网络诈骗治理

☐其他（请注明）_____ ☐以上均无

63. 过去一年内,当地利用互联网技术和信息化手段,开展过如下哪些乡村治安服务?(可多选)

□治安视频图像信息可视化

□重大自然灾害信息预警(泥石流、地震等)

□应急救护信息发布　　　　　□食品药品安全信息发布

□疫病疫情信息发布　　　　　□消防安全信息(火灾)发布

□其他(请注明)_____　　　□以上均无

64. 过去一年内,当地利用互联网技术和信息化手段,开展过如下哪些便民服务?(可多选)

□普惠金融服务　　　　　　　□水电等生活服务费用代收代缴

□农产品代售服务　　　　　　□生活用品代购服务

□其他(请注明)_____　　　□以上均无

65. 过去一年内,当地利用互联网技术和信息化手段,开展过如下哪些党建工作?(可多选)

□党员组织管理　　　　　　　□党务公开

□中国特色社会主义核心价值观宣传　　□党建课堂

□其他(请注明)_____　　　□以上均无

66. 过去一年内,当地利用互联网技术和信息化手段,开展过如下哪些乡村自治工作?(可多选)

□民主选举　　□民主决策　　□民主管理　　□民主监督

□其他(请注明)_____　　　□以上均无

67. 您认为利用互联网技术和信息化手段获取公共教育服务的难易程度如何?请根据获取的难易程度打分(1~5分,1分表示非常困难,2分表示比较困难,3分表示一般,4分表示比较容易,5分表示非常容易)。

利用信息化手段获取服务	非常困难	比较困难	一般	比较容易	非常容易
公共教育服务	1	2	3	4	5
公共医疗卫生服务	1	2	3	4	5
公共文化服务	1	2	3	4	5

（续表）

利用信息化手段获取服务	非常困难	比较困难	一般	比较容易	非常容易
公共就业服务	1	2	3	4	5
社保服务	1	2	3	4	5
办理政务服务	1	2	3	4	5
村党务、公务和财务公开	1	2	3	4	5
民主监督	1	2	3	4	5
便民服务	1	2	3	4	5
治安防控等法治建设	1	2	3	4	5
乡风文明宣传等德治建设	1	2	3	4	5
基层党建	1	2	3	4	5
村民自治	1	2	3	4	5

68. 请您对当地利用互联网技术和信息化手段开展的以下治理和服务进行满意度打分（1~5分，1分表示非常不满意，5分表示非常满意，分数越高，代表越满意）。

服务/治理内容	非常不满意	不满意	一般	比较满意	非常满意
公共教育服务	1	2	3	4	5
公共医疗卫生服务	1	2	3	4	5
公共文化服务	1	2	3	4	5
公共就业服务	1	2	3	4	5
社保服务	1	2	3	4	5
办理政务服务	1	2	3	4	5
村党务、公务和财务公开	1	2	3	4	5
民主监督	1	2	3	4	5
便民服务	1	2	3	4	5
治安防控等法治建设	1	2	3	4	5
乡风文明宣传等德治建设	1	2	3	4	5
基层党建	1	2	3	4	5
村民自治	1	2	3	4	5

69. 请您对当地利用互联网技术和信息化手段开展的以下治理和服务需求的迫切性进行打分（1~5分，1分表示非常不需要，5分表示非常需要，分数越高，代表越需要）。

服务/治理内容	非常不需要	不需要	一般	比较需要	非常需要
公共教育服务	1	2	3	4	5
公共医疗卫生服务	1	2	3	4	5
公共文化服务	1	2	3	4	5
公共就业服务	1	2	3	4	5
社保服务	1	2	3	4	5
办理政务服务	1	2	3	4	5
村党务、公务和财务公开	1	2	3	4	5
民主监督	1	2	3	4	5
便民服务	1	2	3	4	5
治安防控等法治建设	1	2	3	4	5
乡风文明宣传等德治建设	1	2	3	4	5
基层党建	1	2	3	4	5
村民自治	1	2	3	4	5

五、乡村数字化发展满意度

70. 过去一年内，您是否切实感受到数字乡村带来的机遇和实惠？

□有，非常多　□有，比较多　□有，较少　□有，很少　□完全没有

71. 请您对个人或家庭的幸福感、获得感、安全感等的满意度进行打分（1~5分，1分表示非常不满意，5分表示非常满意，分数越高，代表越满意）。

满意选项	非常不满意	不满意	一般	比较满意	非常满意
个人或家庭幸福感	1	2	3	4	5
个人或家庭获得感	1	2	3	4	5
本村社会总体安全感	1	2	3	4	5
本村乡村建设总体情况	1	2	3	4	5

附录3　四川省数字乡村发展水平问卷表（机构版）

被调研机构名称：_____　被调研机构属地：_____市（州）_____县（区市）

填表时间：_____　填表人员及联系方式：_____

一、乡村数字环境与基础

1. 请问您所在的县（市、区）目前在农村信息化和数字乡村建设方面推广最多的内容是哪些？（可多选）

　　□数字政务　　　　□智慧党建　　　　□智慧广播　　　□电视视频会议
　　□学校远程教育　　□远程医疗　　　　□在线技能培训　□农村电商
　　□智慧种养　　　　□乡村智慧旅游　　□智慧休闲农业（含认养农业）
　　□共享农庄　　　　□村镇视频联防监控　□农村人居环境监测
　　□农村灾害监测　　□其他（请注明）

2. 请问您所在的县（市、区）是否出台了促进农村信息化或数字乡村发展的相关政策？（如：数字乡村规划、数字乡村实施方案、数字乡村发展行动方案等）

　　□是　　　　　　　□否

二、乡村产业数字化

3. 请问您所在的县（市、区）在种植业生产过程中使用了哪些信息化设施装备？

　　□农田环境监测设备　　　　□智能灌溉设施设备
　　□智能农机设备　　　　　　□无人机统防统治
　　□作物长势监测设备　　　　□从未使用

4. 请问您所在的县（市、区）在养殖业生产过程中使用了哪些信息化设施装备？

　　□养殖场环境监测设备　　　□智能投喂设施设备
　　□智能监测动物疫病　　　　□动物电子标签
　　□其他（请注明）_____　　□从未使用

5. 请问您所在的县（市、区）在水产养殖过程中使用了哪些信息化设施装备？

　　□水环境监测设备　　　　　□智能投喂设施设备

□智能监测水生动物疫病　　　　　　□智能水温调节或自动换水

　　□其他（请注明）＿＿＿＿　　　　　□从未使用

6. 请问您所在的县（市、区）设施栽培农业生产中使用了哪些信息化设施装备？

　　□温室环境监测设备　　　　　　　　□智能灌溉施肥设施设备

　　□温室环境智能控制设备　　　　　　□作物长势智能监测设备

　　□其他（请注明）＿＿＿＿　　　　　□从未使用

7. 请问您所在的县（市、区）对于购买数字化设施设备有没有补贴？

　　□有　　　　　　　　□无

8. 若购买数字化设施设备有补贴，补贴主要投向哪些环节？

　　□农业机械信息化　　　　　　　　　□水肥药精准控制设备

　　□四情监测系统（墒情、苗情、病虫情及灾情的监测）

　　□智慧管理平台建设　　　　　　　　□其他（请注明）＿＿＿＿

　　□不清楚

三、乡村基本公共服务数字化

9. 您所在县（市、区）利用互联网技术和信息化手段主要开展过哪些法律服务项目？（选择使用最多的3项）

　　□法治宣传教育　　□法律咨询服务　　□矛盾纠纷调处化解

　　□法律援助服务　　□公证服务　　　　□律师服务

　　□司法鉴定　　　　□仲裁服务　　　　□其他（请注明）＿＿＿＿

　　□以上均无

10. 您所在县（市、区）利用互联网技术和信息化手段在乡村德治的哪些领域开展得较好？（最多选3项）

　　□传统美德与良好家风宣传　　　　　□移风易俗监督

　　□村规民约监督　　　　　　　　　　□农村传统优秀文化宣传展示

　　□其他（请注明）＿＿＿＿　　　　　□以上均无

11. 您所在的县（市、区）乡村公共教育服务数字化建设内容涉及哪些？（可多选）

　　□远程教育　　　□线上技能培训　　□线上免费讲堂　□获取文化资讯

☐ 数字图书馆 ☐ 线上免费观看电影、电视剧等

☐ 其他（请注明）_____ ☐ 以上均无

12. 您所在的县（市、区）乡村公共医疗服务数字化建设内容涉及哪些？（可多选）

☐ 网上预约诊疗 ☐ 网上健康咨询

☐ 网上购药 ☐ 网上查阅检验报告

☐ 网上防疫信息查阅 ☐ 其他（请注明）_____

☐ 以上均无

13. 您所在的县（市、区）乡村公共就业服务数字化建设内容涉及哪些方面？（可多选）

☐ 求职招聘信息网上查阅 ☐ 就业失业登记线上办理

☐ 创业开业线上指导 ☐ 劳动仲裁在线受理

☐ 网上职业培训 ☐ 就业创业政策网上咨询

☐ 其他（请注明）_____ ☐ 以上均无

14. 您所在的县（市、区）乡村公共文化服务数字化建设内容涉及哪些方面？（可多选）

☐ 公共文化资讯（活动信息、资源介绍等）网上浏览

☐ 文化活动/场馆网上预定或报名 ☐ 数字图书馆

☐ 数字博物馆 ☐ 数字文化馆

☐ 数字展览馆 ☐ 数字科技馆

☐ 网上读书、看报、看新闻 ☐ 参与线上文艺演出、书画展览等

☐ 线上观看免费的电影、电视剧、话剧、戏剧、音乐会等

☐ 线上观看非遗项目资讯、介绍或学习非遗技艺

☐ 其他（请注明）_____ ☐ 以上均无

15. 您所在的县（市、区）乡村社保服务数字化建设内容涉及哪些方面？（可多选）

☐ 个人社保权益查询 ☐ 跨地区医保结算

☐ 定点医疗网上办理 ☐ 电子社保卡办理

☐ 网上社保关系转移 ☐ 其他（请注明）_____

□以上均无

16. 您所在的县（市、区）乡村政务服务数字化建设内容涉及哪些方面？（可多选）

□身份证更新　　　□建房用地许可　　□出入境护照办理
□各类补贴办理　　□水电煤气费代缴　□驾驶证更换
□诉讼服务　　　　□入园登记　　　　□其他（请注明）_____
□以上均无

17. 您所在的县（市、区）乡村治安服务数字化建设内容涉及哪些方面？（可多选）

□治安视频图像信息可视化
□重大自然灾害信息预警（泥石流、地震等）
□应急救护信息发布
□食品药品安全信息发布
□疫病疫情信息发布
□消防安全信息（火灾）发布
□其他（请注明）_____
□以上均无

18. 您所在的县（市、区）乡村党建工作数字化内容涉及哪些方面？（可多选）

□党员组织管理　　　　　　　　　　□党务公开
□中国特色社会主义核心价值观宣传　□党建课堂
□其他（请注明）_____　　　　　□以上均无

19. 您所在的县（市、区）乡村自治数字化建设内容涉及哪些方面？（可多选）
□民主选举　　　□民主决策　　　□民主管理　　　□民主监督
□其他（请注明）_____　　　　□以上均无

四、乡村数字经济新业态

20. 您所在的县（市、区）出台了哪些促进农村电商发展的相关扶持政策？（可多选）

□人才培训　　　□财政补贴　　　□税收优惠
□基础设施建设　□市场对接　　　□帮助线上运营

☐品牌建设　　　　　☐其他（请注明）＿＿＿＿

☐以上全无

21. 您所在的县（市、区）乡村智慧旅游发展涉及哪些内容？

☐智慧景点（如景区电子设备引导游客）

☐智慧交通（如电子打车、道路导航）

☐智慧酒店（如自助入住系统）

☐智慧餐饮（如电子点餐系统、自助结账）

☐智慧购物（如自动售货机等）

☐智慧娱乐（如娱乐项目智能预定、定位等）

22. 您所在的县（市、区）出台了哪些促进乡村智慧旅游发展的相关政策？

☐人才培训　　　☐财政补贴　　　　☐基础设施建设

☐税收优惠　　　☐品牌建设　　　　☐其他（请注明）＿＿＿＿

☐以上全无

23. 您所在的县（市、区）智慧休闲农业涉及哪些方面？（可多选）

☐休闲农场　　　☐体验农业　　　☐观光农业　　　☐认养农业

☐其他（请注明）＿＿＿＿　　　　☐以上全无

24. 您所在的县（市、区）政府对休闲农业的政策支持涉及哪些方面？（可多选）

☐人才培训　　　☐财政补贴　　　☐基础设施建设　☐税收优惠

☐品牌建设　　　☐其他（请注明）＿＿＿＿

☐以上全无

25. 您所在的县（市、区）政府对共享农庄发展的政策支持涉及哪些方面？（可多选）

☐人才培训　　　☐人才引进　　　☐财政补贴　　　☐基础设施建设

☐技术培训　　　☐税收优惠　　　☐品牌建设

☐其他（请注明）＿＿＿＿　　　　☐以上全无

五、乡村数字化发展建议

26. 您所在的县（市、区）数字乡村建设最需要发展的领域是什么？（可多选）

☐基础设施数字化建设（农村水利、公路、电力、冷链物流、农产品生产

加工）

□乡村传统种植养殖业提档升级（种植业、养殖业）

□乡村数字经济新业态［农村电商、乡村智慧旅游、休闲农业（含认养农业）、共享农庄等］

□乡村治理（乡村党建、政务、村务以及综合治理）

□乡村公共服务（乡村教育、医疗、就业、文化等）

□农村信息化人才队伍建设

□其他（请注明）_____

27. 请问您认为您所在的县（市、区）目前制约数字乡村发展的最重要的因素是什么？（最多选 3 项）

□缺乏足够项目资金　　　　　　□缺乏专职的管理机构或队伍

□缺乏数据共享互通机制　　　　□设施装备价格昂贵

□缺乏信息化人才　　　　　　　□缺乏相应的标准

□其他（请注明）_____